グリーフケア・スピリチュアルケアに携わる人達へ

Grief care
Spiritual care

ケア者のための必読書

髙木慶子 Yoshiko Takaki
秋丸知貴 Tomoki Akimaru

クリエイツかもがわ
CREATES KAMOGAWA

まえがき

三六年の間、多くの悲嘆を抱えている方々や、終末期にある患者の方々へのケア者として、寄り添い同伴させていただきましたことを深く感謝しております。

毎日、今までにお会いした全ての方々のために、神様の豊かな恵みと祝福を心からお祈りしております。

本書を執筆するに当たり、まず、私のケアを受けてくださいました方々に心から御礼を申し上げます。私を信頼して正直に話してくださいましたことは、私の宝となっております。

それらの方々から、どれほどの新しい学びと気付きをいただいたことでしょう。人生は思い通りに生きていけないことは、私自身の経験から理解していましたが、しかし、多くの方々の生の声を聴かせていただき、人生観や死生観、何よりもまず「人間理解」を深く広くしていただきました。

人間は、どこまで苦しみ悲しみ悩まなければならないのでしょうか。しかしまた、それに耐え忍び、乗り越える力も持っていることを、多くの方々が証明してくださいました。なんと力強い証人達だったことでしょうか。それをありのままに見せていただいたお陰で、これからも私は勇気をもってケアに携わることができる希望と自信を持たせていただきました。

ケアに当たることは、悲嘆者から多くを学び共感することではないかと実感しております。しかし、そのためには相手の方々への心からの尊敬と信頼が大事であり、それなくしては悲嘆者の方々も心の内を語っていただけないと体験から学んでおります。

ケアには、「ノウハウ」や「ハウツー」のマニュアルはありません。それだけに、心のありようが問われる寄り添いでもあります。

◇◇◇

本書は、グリーフケアとスピリチュアルケアについて扱います。

ケアには様々なものがあり、その対象によって呼び名が変わります。まず、悲嘆者が対象の場合が「悲嘆（グリーフ）ケア」です。その中でも、例えば終末期患者の場合は「終末期（ターミナル）ケア」、高齢者の場合は「高齢者ケア」となります。

そして、私は全てのケアの基礎は「スピリチュアルケア」であると考えております。その理由は本文に記しておりますが、端的に言うと、スピリチュアルケアこそが、人間の心の奥深い部分、いわゆる「魂」に関するケアだからです。そのため、スピリチュアルケアについて熟知しておくことは、人間理解のために、そしてケアに携わるために必須であると考えております。

スピリチュアルケアは、「魂の苦痛」すなわち「スピリチュアルペイン」を癒すものです。

このスピリチュアルペインについては、まだ多くの人達が「終末期の死への恐怖」とだけ捉えています。確かに、終末期患者が死への恐怖としてのスピリチュアルペインに強く苦しむのは事実です。しかし、私の三六年間の臨床経験から明言すれば、スピリチュアルペインは、決して「終末期」に限られず、「死への恐怖」にも限定されません。

実際に、人は誰でも、幼い時から様々なスピリチュアルペインを感じています。なぜなら、スピリチュアルペインは「スピリチュアリティ」に基づく苦痛であり、そのスピリチュアリティは、誰もが物心付いた時から普遍的かつ根源的に持っている、人智を超えた大いなるもの《サムシング・グレート》への信仰心であり、その慈悲と慈愛を感じ取る能力だからです。

ですから、人は誰でも、たとえ幼い子供でも、大いなるもの《サムシング・グレート》に顔向けできないことを思ったり行ったりすると、罪悪感や良心の呵責を覚えます。この場合のスピリチュアルペインは、「良心（魂）の痛み」と言えます。

また、人は誰でも、幼い子供の頃から、様々な不条理に苦しみます。特に、思春期や青年期には、「なぜ人は死ぬのか」「なぜこのように苦しい人生を歩まねばならないのか」などの自分では答えの出ない疑問に苦悩します。この場合のスピリチュアルペインは、「信仰心（魂）の痛み」と言えます。

人は誰でも皆、幼少期から、こうした様々な「スピリチュアルペイン」を感じながらも、できるだけ向き合わずに過ごしてしまう傾向があるのではないでしょうか。しかし、死に直面して未来を失う終末期には、人は自分自身に嘘がつけなくなります。そこで、特に終末期に、人生の中で未解決だった膨大なスピリチュアルペインが走馬灯のように次々と思い浮かんできて、人は非常に強く苦しむということだと思います。

ですから、私達は、終末期患者に対しては、「死への恐怖」以外のスピリチュアルペインもケアしなければなりません。また、「終末期」に限らず、常日頃から、日常生活の中で、自分で、そして相互に、様々なスピリチュアルペインをケアすることが大事です。そして、そうしたスピリチュアルケアこそが、全ての悲嘆を癒す鍵なのです。

人は自らのスピリチュアルペインに気付くと、他人にも優しくなれます。それは、自分だけではなく、誰もが心の奥底で傷付き悲嘆を抱えていることが分かり、相手に対する気づかいや思いやりが生まれるからです。

私達は、神様でも、仏様でも、預言者でもありません。そうした普通の私達にできることは、まず相手の心に寄り添うことです。

私達は誰でも、親切な心で接してもらうと、癒され元気になり心身が健康になります。ですから、毎日の生活の中で、相互に尊敬と信頼の心を保ち、共に支え合い、いたわり合い、生きる勇気と希望を分かち合うことで、安心で幸福な人間関係を築くことができます。それが、優しい社会の基礎となり、平和な世界へと繋がると思います。

現在、世界中が様々な危機の中にあり、地球全体が悲嘆状態にあります。そうした今こそ、私達は自分にできることから取り組み始めるのがとても大切ではないでしょうか。

◇◇◇

私達は、ケアをしているつもりで相手を傷付けてはいけません。もし利己主義が先立てば、ケアはきっとうまくいかないでしょう。特に、ターミナルケアならばなおさらです。私も、ターミナルケアの現場では、終末期患者のあまりの人生の重みや臨終の苦悩を目の当たりにして逃げ出したくなることもあります。それでも、長年亡くなられる方々に寄り添い続けているのは、その一人ひとりに、少しでも希望を持ち、心安らかにこの世界から次の世界へと旅立って欲しいと願うからです。

私自身は、これまで亡くなる方々の孤独や辛さをたくさん見てきたので、頼まれたらまたその悲嘆に寄り添うために伺おうと思います。その思いは、終末期患者だけではなく、死別悲嘆に苦しむ遺族に対してもそうですし、その他の誰に対しても同様です。それは、日々私が大いなるもの《サムシング・グレート》から頂いている恵みと祝福を、皆様と分かち合いたいからなのです。

このような体験と願いから、これからケアに携わる人達全員に向けて本書を出版することになりました。

本書では、私が三六年間にわたり、ケアの現場で経験し学んできた事柄について執筆しています。これからケアに携わる人達の少しでもお役に立てましたら、これに勝る喜びはありません。

特に、上智大学グリーフケア研究所や日本スピリチュアルケア学会など、様々な大学・研究所や学会・研究会などで深い研究と多くの学びを積まれている人達に、現場でのお役に立つことを心から祈念しております。

そして、一人でも多くの人達に、淋しく悲しまれている方々や、悩み苦しまれている方々のための寄り添い人になっていただけますことを心から祈願しております。そのようなケア者を、現代の日本社会は待っているのではないでしょうか。

何よりも大切なことは――私達はケアの中での日常生活を過ごすことが大事であり――何か特別な時にだけケアをするのではないということです。まずケアが全てに先立ち、そのケアを基盤として日常生活があるということをいつも忘れないで欲しいと思います。

本書を手にされる人達のために、神様の豊かな恵みと祝福を心からお祈りしております。

◇　◇　◇

本書を刊行するに当たり、堀秀也様（一般財団法人敬愛まちづくり財団理事長）から寛大な御支援を賜りましたことに深く感謝申し上げます。

二〇二三年三月

上智大学グリーフケア研究所
名誉所長　髙木慶子

※本書に掲載の事例は全て、本人や家族から掲載許可を得ています。

グリーフケア・スピリチュアルケアに携わる人達へ　ケア者のための必読書　目次

第1章　グリーフケアとは何か

高木　慶子

1　誰もが悲嘆（グリーフ）を抱えて生きている

これからグリーフケアについて話す前に、まず紹介したい絵本があります。一九三五（昭和一〇）年に書かれた、新美南吉の『でんでんむしのかなしみ』という童話です。

新美南吉の代表作としては、その三年前に発表された『ごん狐』が有名ですが、この『でんでんむしのかなしみ』もとても素晴らしい作品です。それは、次のような物語です。

ある日、一匹のでんでんむしは、自分の背中の殻の中に悲しみが一杯詰まっていることに気付きました。そのあまりの悲しみにどうすれば良いか分からなくなり、友達のでんでんむしに言いました。

「私は、もう生きていられません」

するとと、友達のでんでんむしは言いました。

「あなたばかりではありません。私の背中にも、悲しみは一杯です」

そこで、最初のでんでんむしは、別の友達のところに行きました。すると、その友達も言いました。

「あなたばかりじゃありません。私の背中にも、悲しみは一杯です」

こうして友達を順番に訪ねましたが、どの友達も同じことを言うのです。

そこで、最初のでんでんむしは、悲しみは誰もが持っていることに気付きました。そして、自分ばかりではないのだ、自分は自分の悲しみをこらえて生きていかねばならないのだと思い、嘆くのをやめたのです――。


実は、私は中学二年生の時、神様の声を聞いたような体験をしました。私にとっては一生忘れることのない、いつも心の中心にある体験です。

その年の秋、運動会の練習後に一人で家に帰る途中、突然ガーンと体中に雷が落ちたような感じがしました。そして、声が聞こえたのです。

「あなたは修道女《シスター》になります。私［その声の主］があなたを大事にしていることを人々に伝えなさい」

私はそれを、神様のメッセージだったと思っています。でも、その時は「何なのこれ……」という思いで誰にも言えませんでした。

それに、当時私が通っていた中学校はミッションスクールでしたが、私はシスター達がとても苦手でした。というのも、シスター達は本当に真面目で一人ひとりはとても素晴らしい人達なのですが、生徒にとってはとても厳しく、時には人間味がないと思うことさえありました。ですから、「シスターになりなさい」という声が聞こえても、とてもすぐにそれを受け入れることはできなかったのです。

それから大学三年生まで、修道生活に入るかどうかの葛藤はずっと続きました。シスターになるということは、結婚をせず家庭を持たないということです。当時のカトリック教会はとても厳しく、一度修道院に入ったら実家には二度と戻らない覚悟が必要でした。さらに、私は小学校三年生から高校三年生まで、毎日新体操や平均台の演技を練習するような自由を愛する活発なスポーツ少女だったのです。

私が『でんでんむしのかなしみ』と出合ったのは、ちょうどその大学三年生の頃でした。この童話を読んでとても感動し納得したことを、よく覚えています。多分、私の心の中の何かと強く共鳴したのだと思います。

当時私が通っていたのは、聖心女子大学でした。学長は、マザー・エリザベス・ブリットというシスターでした。アメリカ人で、日本語はほとんど分かりませんでしたが、「ああ、世の中にはこういうシスターもいらっしゃるんだ」と思える、女性としてもシスターとしても本当に憧れる、とても優しく素晴らしい方でした。

私は大学の寄宿舎に入っていた四年間、マザー・ブリットとたびたびすれ違い、声も掛けてもらいました。マザーと出会ったことで、私は修道院に入ってもいい、シスターになるんだ、と思えたのです。シスターとは決して人間味がない人達ではなく、母性に溢れた女性達なのだと気付くこともできました。そのお陰で、私の今があります。

2　カウンセリングとグリーフケアの違い

聖心女子大学では、私は心理学を専攻しました。卒業して修道女になった後、私は東京で教育相談所を設立し、カウンセラーとして働くことになります。

その教育相談所を訪れるのは、幼稚園の子供から四〇代の大人まで幅広い人達でした。そのため、抱えている悩みも多岐にわたっていました。

一五年間、私はその教育相談所でカウンセラーとして多くの人達と接しつつ、常にどこかで違和感を覚えていました。というのは、カウンセリングの技法ではどうしても限界があると感じていたのです。

基本的に、近代西洋医学は「コントロール〔操作〕型」です。つまり、医者は患者の病気やケガの原因を解明し、それに手術や投薬などを施して治療します。一般的に、カウンセリングもまた、この近代西洋医学と同じ「コントロール型」の構造を持っています。つまり、カウンセラーはクライアントの抱えている苦悩の原因を分析し、それをクライアントに自覚させ克服させるために介入するわけです。

こうしたカウンセリングの技法は、一定の有効性があります。しかし、万能ではありません。

例えば、愛する人と死別して苦悩している人がいるとします。その人の苦悩の原因は、改めて考えるまでもなく明らかです。愛する人を喪失したから、苦悩しているわけです。そこで、その人に「愛する人を喪失したこと」をどれだけ自覚させても、その愛する人を喪失したという苦悩それ自体が無くなることはありません。

だから、クライアントの苦悩の原因の分析以前に何かすべきことがあるのではないか、そもそも他人の苦悩を本人と同じレベルで理解したり、本人がただ自覚するだけで苦悩を克服したりできるのだろうか、苦悩する人間にとって一番重要なのは何よりもまずその「辛い！」という心の叫びや魂の悲鳴なのではないか、それに応えるには「コントロール型」のカウンセリングの技法では不十分なのではないか、という問題意識を私はずっと抱えていました。

悲嘆に苦しんでいる人にまず必要なのは、「コントロール型」のカウンセラーではなく、「悲しい時は悲しんで良いんですよ」と寄り添ってくれる人――「ケア者」――ではないのか。これが、私のグリーフケアについての考え方の出発点です。

ですから、何か既にグリーフケアという技法があってそれを学んできたというよりも、カウンセラーとしての私自身が行き詰まり、少しずつ模索する中で形が見えてきたのが、ここで私の言う「グリーフケア」ということになります。

それでは、カウンセリングとグリーフケアの違いを一言で言うとどうなるでしょうか。それは、カウンセリングは頭で聞き、グリーフケアは心で聴く、ということだと私は考えています。

グリーフケアは、カウンセリングのように自分が頭を使って相手の問題を解決するのではなく、相手自身が自分の問題と向き合えるようにケア者が心で支えるということです。また、グリーフケアにおける傾聴とは、カウンセリングのように相手の問題を分析するために相手の話を聞くのではなく、相手が自分自身の問題に向き合う力を得られるように相手の存在を丸ごと肯定的に受け容れるということです。

もちろん、カウンセリングとグリーフケアはどちらか一方だけで良いというものではなく、互いに補い合う関係です。元々、本当に優れたカウンセラーは、ここでいうケア者としての働きもしていたはずです。私自身も、ここでいうカウンセリングを全てやめたわけではなく、カウンセリングの限界を補完するものとしてグリーフケアに携わっています。

皆さん、宜しいでしょうか。グリーフケアも目指すところは問題解決ですが、カウンセリングのように直接自分が相手の問題を解決するのではなく、相手が自分自身で問題を解決できるように支えるのがグリーフケアです。

悲嘆者自身が喪失による苦痛と向き合えるように、ケア者は心で寄り添う。もちろん、心で寄り添うだけではなく具体的な行動で配慮も示す。そのケア者のあり方は、「一緒に歩く」とも「伴走する」とも言えますが、私自身は「共に生きていく」や「同伴する」という表現を好みます。

私のグリーフケアには、理念があります。それは、その人が自分の内なる力を発揮し元気になっていくことを信頼して待つということです。それが、その人に「同伴する」という意味です。

それでは、悲嘆者に寄り添うとは具体的にはどのようなことでしょうか。

まず、人は誰でも「存在を認めて欲しい」と求める本性を持っています。「寄り添う」とは、その相手の存在を評価せずに全面的に丸ごと受け容れることです。

特に悲嘆者は、自分の存在を認めて欲しいだけでなく、自分がどれほど苦しんでいるのかをありのまま受け止めて欲しいと願っています。つまり、その苦しみを聴いて、理解し、共感し、肯定して欲しいと望んでいます。

その望みを叶えることに、意義があります。相手に対する尊敬と信頼の心で、相手を全面的に丸ごと受け容れること、たとえ道徳に反する話でもそれがその人の本音ならば「そうよね……」としっかり肯定的に受け止めること、それが、「ケア」であり、「寄り添う」ことであり、「傾聴する」ことなのです。

人は、誰かと話すことで、気持ちが落ち着き、心が安らぎます。考えがまとまり、整理が付き、生きる意味と活力が湧いてきます。特に、同じ体験をした者同士で体験を分かち合うと心が癒されます。

3　なぜ今グリーフケアが必要なのか

今、悲嘆に対する社会の理解が乏しく、ケアをする人が少なくなっています。それゆえ、悲嘆について学んだり、悲嘆者へのケアについて考えたりする必要が生まれています。

まず、現代社会では死が非日常的なものになりました。

今から五〇年ほど昔、科学技術が未発達で、家族もまだ大人数だった頃は、親類縁者の死を自宅や近所で見送る経験がたびたびありました。しかし、次第に科学技術が発達し、核家族が主流になるにつれて、そうした看取り経験の数自体が少なくなりました。また、亡くなる場所も、自宅や近所のような日常空間ではなく、病院や施設などの非日常空間が増えています。もちろん、最近は在宅看護も増加していますが、費用や労力が必要なためにまだまだ不十分です。

また、かつての大家族の時代には、家族内に癒す関係の人がいました。孫が兄弟姉妹を亡くしたり、あるいは若い夫婦が赤ちゃんを亡くしたりしたら、祖父母が「こういうこともあってね……」などと慰めることがよくありました。孫は父母よりも祖父母との距離感がほどよく、互いに話しやすいわけです。また、祖父母が亡くなった時には父母やおじ・おばなどが支え、父母が亡くなった時にはたくさんいる兄弟姉妹の誰かが支えてくれるという関係もありました。そうしたバランスの取れた心の交流が、大家族の中ではあったのです。

ところが、現在の核家族では、家族の人数自体が少なくなり、普通三、四人ぐらいで生活しています。もしその内の一人、例えば父親が亡くなると、残された三人はその父親について話をするでしょうか。実は、気詰まりのために、もう家族の中では話ができないケースが大半なのです。

さらに、かつては「向こう三軒両隣」と呼ばれる地域社会がありました。私が子供の頃は、学校から帰ると近所の人達から「慶子ちゃん、お帰りなさい」とよく声を掛けてもらいました。また、困っていると、「どうしたの?」と色々と相談に乗ってくれる近所の人達もいました。

そういうふうに声を掛けるのは、ケアなのです。そうした共感的交流が、人々の心の癒しになっていました。しかし今は、地域社会の人間関係が希薄になり、マンションでは両隣に誰が住んでいるのかさえ分からないことも珍しくありません。

このように、死が非日常化してなじめないものになると、その分愛する人と死別した時の一回一回の悲嘆が重く深くなるという問題が生じています。また、家族も少人数になり、地域社会も衰退したので、愛する人や物や環境を喪失しても、その悲しみを話しやすい相手が身近にいないという状況が生まれています。そのため、悲嘆が深刻化し長期化しやすいという社会問題が生じているのです。

これが、私が上智大学グリーフケア研究所を立ち上げてケア者を養成しようと考えた最も大きなモティベーションでした。こういう時代だからこそ、一人でも多く誰かが悲嘆者に「そうですよね、辛いですよね……」と寄り添う必要性があると感じたのです。

上智大学グリーフケア研究所の受講生・修了生の皆さんは、ぜひこの私の最初の志や創設理念を理解し継承していって欲しいと思います。

ケア者の社会的実践としては、遺族会があります。昔は大家族や地域社会が行っていた遺族の死別悲嘆のケアを、今日的な形で自覚的・相互扶助的に行おうとする取り組みと言って良いでしょう。

私は、「兵庫・生と死を考える会」の会長として、「ゆりの会」と「わすれな草の会」という遺族会を三六年間、原則毎月二回行ってきました。しかし、私一人の力でできることには限界があり、増大する悲嘆者のニーズにはとても足りません。ですから、上智大学グリーフケア研究所を創設して、私と志を同じくする仲間や後継者の人達を一人でも数多く増やしたいと思ったのです。

既に、大勢の上智大学グリーフケア研究所の修了生達が、各地で遺族会を設立・運営したり、参加・協力したりしています。しかし、まだまだ足りないのです。ぜひ、後に続く人達が増えて欲しいと思っています。

ここで、これからグリーフケアに携わる人達に分かって欲しいのは、ただ単に昔のままの大家族や地域社会を復活させればそれで良いのではない、ということです。実は、昔の大家族や地域社会にも色々と「無神経な人達」がいました。昔から一番よくある間違いは、ついつい他人と「不幸比べ」をしてしまうことです。これは、悲嘆者へのケアにはならずに逆効果です。だからこそ、今日では昔以上に悲嘆やそのケアについて改めて正しく学ぶことが求められているわけです。

なお、もし遺族会でそういう場面になったら、ファシリテーター〔調整役〕として「苦しみ比べはしないようにしましょうね」とちょっとしたアドバイスをすると良いでしょう。そして、参加者がそれぞれ自ら語り、「そうですよね……」とうなずいて聞き合うだけでも、良いグループになると思います。

4　悲嘆は病気ではない

悲嘆は全ての人に関係するということ、全ての人が悲嘆者になり得るということを、私達はよく理解しておきたいと思います。

だいたい五〇歳を過ぎれば、多くの人達が自分の愛する家族や親しい友人と死別した経験があるはずです。その意味で、誰もが悲嘆者になり得るわけですが、もし悲嘆が病気だとすれば、この地球にいる人類の半分以上、あるいは五分の四くらいは病気ということになってしまいます。

死別体験による悲嘆は、決して病気ではなく、むしろ正常です。一時的にとても辛くても、人間には時間と共に徐々に元気になっていく回復力もあります。何よりもまず、生きている私達は希望を抱きます。私達はいつも、元気になりたいという希望を抱いて生きています。私達には、そういうエネルギーがあります。それは、悲嘆者が病気でないことの表れだと思うのです。

私達は、死を迎える人達の姿を日常的には見ていませんから、死はどうしても日常生活から遠いものです。それでも、いずれ私達も死を迎えますし、家族や友人や親しくしている人も亡くなっていくことを、私達は受け止めないといけないと思います。

悲嘆を長く抱え込んでいたら、他の人に優しくできません。どうしても自分の考えを押し通そうとして、感情をぶつけてしまうのです。これが、とても残念だと思います。

ですから、私は、誰かが未解決で昇華できていない悲しみや苦しみを抱えている時、その人自身が話をしたり、ものを書いたり、歌ったり、色んなことをすることを通じてどんどん昇華していくための手段として、グリーフケアに取り組みたいと思っています。

私自身も、この人生の中で何度も辛い経験をしました。深い悲嘆の中で、落ち込んだこともあります。そういう苦しい時は、優しい言葉を掛けてもらうと嬉しいし、そのことで元気になっていきます。ですから、自分自身が元気になった時には、苦しい時にしてもらって嬉しかったように、今度は弱っている人達や悲しんでいる人達に声を掛けたいと思うのです。それがやはり、社会が優しくなり、世界が平和になっていくための第一歩ではないかと思います。

ここで、髙木慶子自身の「悲嘆」の定義を述べておきましょう。

悲嘆については、これまでの種々の体験と研究から、人が親しい人や大事なものを喪失した時に体験する複雑な精神的、身体的、社会的、スピリチュアルな反応であり、それにより対人関係や本人の生き方に強い影響を与えることが明らかになっている。

これは、WHO（世界保健機関）が、一九四七（昭和二二）年に採択したWHO憲章前文の「健康」の定義を、一九九八（平成一〇）年に見直す際に議論した四つの内容、つまり「身体的（physical)」「精神的（mental)」「スピリチュアル（spiritual)」「社会的（social)」に関わっています。

また、これは、WHOが一九九〇（平成二）年の「緩和ケア」の定義や、二〇〇二（平成一四）年のその改定の際に取り上げた、緩和ケアにおいて取り組むべき四つの問題、つまり「身体的」「心理的（psychological)」「社会的」「スピリチュアル」に関係しています。

すなわち、人間が悲嘆時に感じるペイン（苦痛）は、「精神的」「身体的」「社会的」そして「スピリチュアル（スピリチュアリティ的)」の四つに分類できます。本書では、これらのペインについて、私の考えるところを説明していきたいと思います。

第2章　悲嘆について

髙木　慶子

1　悲嘆は画一的ではない

グリーフケアに携わるためには、まず悲嘆《グリーフ》について正しい知識を持つことが大切です。悲嘆をもたらす最も典型は死別体験ですが、悲嘆は死別体験に限られるものではありません。

教育相談所のカウンセラー時代から、私は人々の様々な悲嘆に接してきました。中でも一番多かったのは、不登校の子供達のケースです。また、非行に走って万引きしたり、親の財布からお金を盗んだり、喧嘩をしたりと、素行に色々な問題を抱えた子供達もいました。時には、その両親の相談に乗ったこともあります。さらに、大人になって会社に就職しても急に出社できなくなった人達の相談などもありました。

そうして子供だけでなく大人の色々な相談にも乗っていると、やがて私は人間の「涙の味」は一人ひとり違うことに気付きました。つまり、一言で「不登校」といっても、その子供の感受性やその環境によって、一人ひとりの悲しみや苦しみは違うことを非常に強く感じたのです。

まず、悲嘆には様々な種類があること、またたとえ同じように分類できる悲嘆でもその本人にとっては他人と全く同じではないこと、つまり悲嘆は画一的ではないことを、しっかりと認識しておく必要があります。

2　悲嘆は特別な問題ではない

その上で、悲嘆について考えていきましょう。

実は、日常生活の中で思い通りにならないことは、全て悲嘆の範囲に入ります。失恋とか、落第とか、リストラとか、倒産のような一大事ではなくとも、晴れて欲しいとか、雨が降って欲しいとか、早く電車が来て欲しいとか、そんな些細なことでも、もし結果が本人にとって意に沿わない残念なことは全て悲嘆になるのです。

このことを、私達はよく理解する必要があります。私達が思いやりを持つべき対象は、決して家族を失ったり病気になったりした特別な状態の人達だけではないのです。

毎日の生活の中で、常に私達は大小様々な喪失を体験し悲嘆を感じています。そのことに思いをはせることができれば、誰に対しても、どんな状況でも、思いやりや気づかいや優しさや親切心を持つことができます。私は、これがグリーフケアについてのとても大事なポイントだと思っています。

それでは、具体的には人は何を喪失すると悲嘆を感じるのでしょうか。これは本来、あらゆるものです。決して何か特定の事物には限定されず、こうあって欲しかったのに現実はそうではないという場合は、全てその人にとっての悲嘆になります。ここでは、その中でも特に覚えておくべきものを挙げておきましょう。

①人の喪失

すぐに思い浮かぶのは、愛する人の喪失、つまり家族、親戚、恩人、恋人、友人などとの別れです。この別れには、死別のみならず、生別、失恋、裏切りなども含まれます。

②物の喪失

仕事、財産、所有物、住居、ペットなどの大切な物や愛着のある物を失った時も、大きな悲嘆になります。特に、「ペットは家族」と考える人にとってペットロスは大きな悲嘆になるようです。さらに、性的虐待を受けた場合は、本来の自分が汚されたという深い悲哀を抱きます。

③健康の喪失

健康の喪失は、大きな悲嘆になります。病気やケガはもちろん、老いもこれに含まれます。女性の場合は閉経、また男女共に頭髪が薄くなること、さらに若かった時にできたことができなくなることなどもその一例です。高齢になると、心身の衰弱や認知症への不安が募ったりもします。

④環境の喪失

環境が変わることも、悲嘆に繋がります。

日本の会社では、頻繁に転勤があります。それに伴い、子供が転校を強いられることもあります。慣れ親しんだ役割や地位や立場や人間関係から離れることは、大きな喪失体験です。職場における左遷、リストラ、定年退職や、家庭における子供の自立やそれに伴う役割の変化なども、環境の喪失として捉えられます。

また、死別や離婚や再婚などで家族構成が変化することも、そうした慣れ親しんだ環境の喪失として感受されます。忘れてならないのは、人は悪口を言われたり噂をされたりするだけでも深く傷付くということです。具体的な差別の場合は、なおさら人の心は深く傷付くことになります。

いずれにしても、日常生活が崩れた時に人は大きな悲嘆を感じると言えます。

⑤未来の喪失

今、ロシアとウクライナの戦争でいつ核兵器が使われるか分からない危険な状況にあります。また、長引く不況や大災害やコロナ禍など様々な不安や恐怖が世の中を覆っています。

私が若い人達と話していて辛いと感じるのは、彼らが夢や希望を持てないでいることです。

「もう自分は結婚しても子供をつくりません」

「ええっ？　子供をつくらないってどういうこと？」

「子供がいても、子供の時代に何があるか分からない。だから、結婚しても子供を生み育てません」

こういう若い人が少なくありません。本当に驚きます。私達は、こういう安心・安全を喪失した時代に生きています。将来に具体的な目標を持てないこと、未来を喪失することは、人間にとって大きな悲嘆です。

もちろん、この他にも様々な悲嘆の原因があります。また、これらは完全に切り分けられるものではなく複合的に絡み合うこともあります。さらに、これらは自己愛や自尊心や自己肯定感が傷付くこととまとめられるかもしれません。いずれにしても、これらがどれほど私達を悲しませるかということを理解していたいと思います。

3　悲嘆の諸相

さらに、様々な悲嘆について見ていきましょう。

第一章で見たように、今私達にとって一番関心があるのは遺族における死別の悲嘆の問題です。しかし、遺族における死別の悲嘆以外にも様々な悲嘆があるのを知ることは、とても大切なことです。

①終末期患者

そうした悲嘆の中でも最も重い状態にあるのは、病気やケガや老衰などで終末期《ターミナル》を迎え、自らの死を予期した患者自身の悲嘆だと思います。

心身の苦しみに加えて、近い将来に間違いなく自分が消えて無くなるという未知の恐怖は凄まじいものです。

また、愛する人や物や環境など全てと別れなければならないという悲哀も、極めて深刻です。これは、亡くなる本人の死別の悲嘆の問題です。

②終末期患者の家族

また、そうした終末期にある患者の家族も深い悲嘆を感じています。その患者が亡くなった後で、家族から「あの頃は毎日が生き地獄でした」と聞くことがよくあります。自分の愛する人が苦しむ姿を見なければならず、その人と近い将来の死別を予感している家族は、患者本人と同様にとても深い悲嘆を抱えることになります。

③一般患者

さらに、死期までは予測しなくても、一般的な病気やケガや老衰の患者も大きな悲嘆を抱えています。肉体の痛みや、衰弱して自由が失われることや、それによる先行きへの不安は、本人の心を深く沈ませます。

④一般患者の家族

そして、一般患者の家族もまた深い悲嘆を味わうことになります。

特に、その患者が子供の場合は、本人よりも親の悲嘆が大きい場合があります。例えば、小学校に入ったばかりのある女の子が、交通事故で片足を失ってしまったことがありました。どうしてこんなことになってしまったのかと、両親の方が本人よりも深い悲嘆に陥っていたことを覚えています。

⑤被災者・被害者とその家族

これらの病気やケガや老衰の場合は、患者やその家族は一応最期の時に向けて備えることができます。しかし、突然の災害の場合は、本人やその家族は何の覚悟も態勢も整っていないだけに、悲嘆が重複し深刻化・長期化する傾向があります。

さらに、天災か人災かによって、本人やその家族の悲嘆の様子が変わってくることがあります。

私は、一九九五（平成七）年に阪神・淡路大震災を体験しました。死なずに済んだのはただの偶然でしたから、その恐怖はよく理解しています。当時私は、地震で家が潰れてしまった人達、火事で何もかも焼かれてしまった人達、遺族になってしまった人達、自分の大事なものを失ってしまった人達など、六〇〇人ほどのケアに携わりました。やはり、愛する人や物や環境などを突然喪失した人達の悲嘆は大変重く深いものでした。

これは、天災つまり自然災害のケースですが、人災の場合は悲嘆の様相もまたかなり違うと感じたことがあります。それが、二〇〇五（平成一七）年のＪＲ福知山線脱線事故でした。

この脱線事故で被害に遭遇した数え切れないほどの負傷者や遺族に接すると、その怒りは筆舌に尽くしがたいほど凄まじいものでした。人災つまり事件や事故による悲嘆は、加害者に対して「殺してやる」とまで思い詰める怒りとなって現れることがあるのです。

さらに、事件や事故の場合は、被害者側のみならず加害者側も大きな悲嘆を抱えます。私がこのことを知ったのも、同じＪＲ福知山線脱線事故でした。加害者側になったＪＲ西日本の社員達の悲嘆も、本当にとても大きなものだったのです。

特に当時、初めて会ったＪＲ西日本の社長はショック状態で、いつ亡くなってもおかしくないような印象を受けました。トップとしての責任感と事故のあまりの悲惨さの間で、とても苦しんでいたのだと思います。

また、被害者や遺族への対応を担当する部署だけでなく、その他の部署の社員達も大変苦しんでいました。私は、何とかしてこの人達の生命も守らなければならないと思い、毎週JR西日本の本社に出掛けて関係者の方々のケアに努めました。私はそこで初めて、事件や事故では、被害者側はもちろん加害者側にも極めて大きな悲嘆が生まれることに気付かされたのです。

これに加えて、天災でも人災でも、直接被害に遭わなくても悲惨な現場を見ただけで大きなショックを受ける場合があります。例えば、同じJR福知山線脱線事故の時、その列車には乗っていなかったけれども近くにいて大勢の被害者を助けに行った人達の間で、現場の惨状を目撃してものすごく落ち込んだ人が多かったのです。自分はケガしていないにもかかわらず、その光景がトラウマとなり、心的外傷後ストレス障害（PTSD：Post Traumatic Stress Disorder）に苦しむのです。これもまた、悲嘆を考える際には考慮しなければならない問題です。

私は毎年、二〇一一（平成二三）年三月一一日に発生した東日本大震災の被災地のいくつかの現場を慰問しています。大部分は通常の生活を送れるようになっていますが、一部の地域の放射能汚染はいまだ凄まじいものです。悲嘆者のケアを考える場合には、様々な角度から物事を捉えなければならないと改めて思っています。

4　悲嘆の過程

それでは、悲嘆はどういう過程《プロセス》を辿るのでしょうか。

学問上は、悲嘆にはある決まった過程が存在するという学説も聞かれます。有名なのは、エリザベス・キューブラー＝ロスが『死ぬ瞬間』（一九六九年）で提唱した「死の受容過程（悲嘆の五段階モデル）」です。これは、避けられない死に直面した人は、「否認」「怒り」「取り引き」「抑鬱」「受容」という順番が入れ替わることのない五段階の心理的反応を辿るという学説です。[1]

しかし、人間の感情は決してそう定型的にはいきません。たとえ怒っていても、自分にとって何か良いことがあればパッとにこやかになることもあります。感情は、刻一刻コロコロと変わるものだからです。

ですから、悲嘆の過程を考える時には、感情を硬直的・定型的に段階を踏んで発達するものとして順序立てても意味がありません。それは、グリーフケアやターミナルケアの現場に三六年間携わっている私の実感です。私自身は、感情の定型的発達として捉えるのではない悲嘆の過程について次のように考えています。

①喪失直後の悲嘆

図1の円を、一人の人間の心と身体とします。例えば、子供を亡くした親の場合を考えてみましょう。

死別直後の悲嘆では、我が子を亡くした親の心の中には、悲しみ、怒り、後悔などのマイナス感情が渦巻いています。身体には何も問題が無いのに、「ここが痛い、あそこが痛い」と訴えます。これは、心が痛いから身体が痛いように感じるのです。そして、こういう苦痛が怒濤のように自分の心身を苛みます。

こうした喪失直後の悲嘆状態では、そうした大きな悲しみや苦しみなどが心の全てを占めていて、他の感情が

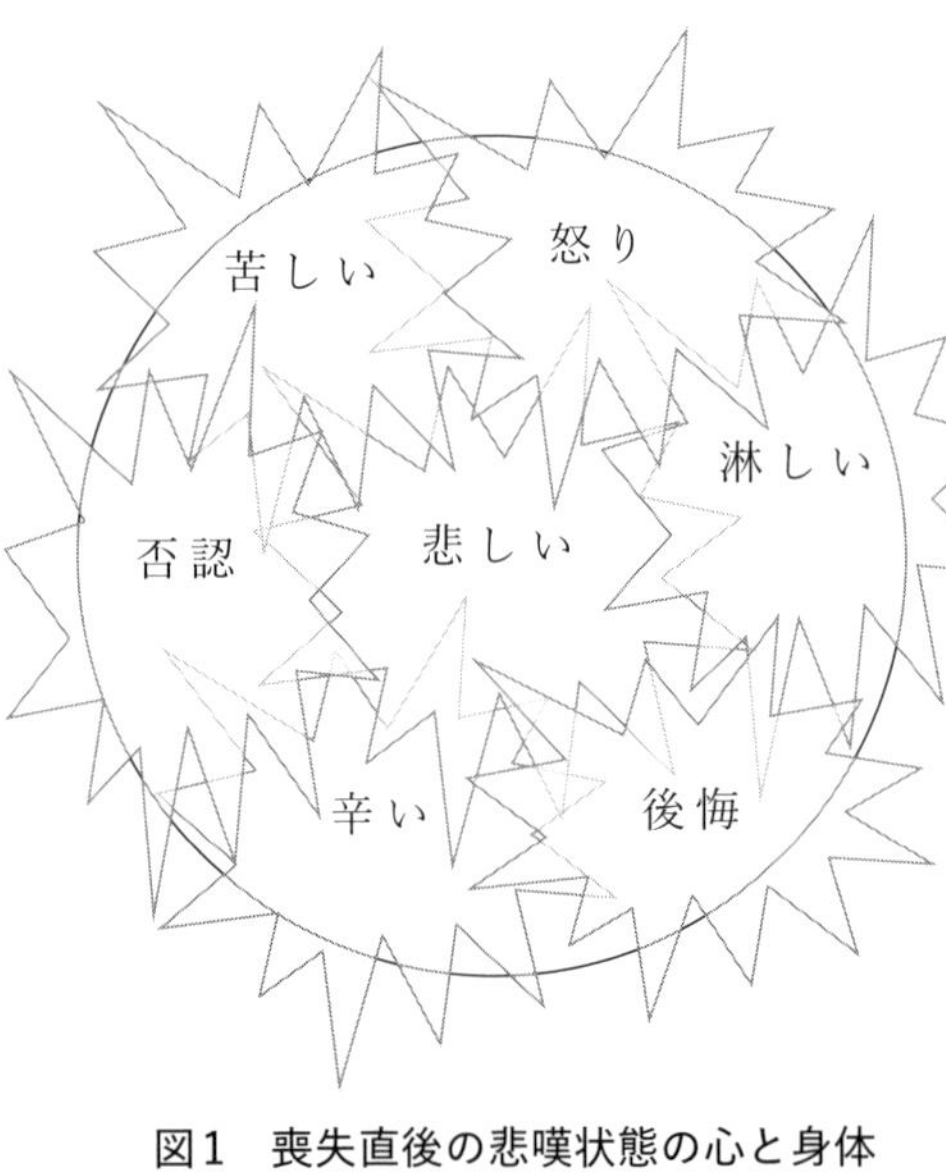

図1　喪失直後の悲嘆状態の心と身体

入る隙がありません。ですから、花を見ても綺麗と思わないし、美味しいものを食べても味を感じません。仕事をしようとしても、自分が何をしているのか分からないのです。

例えば、家庭の主婦なら、いつもしている夕食の準備さえ何を作って良いのか分からなくなります。簡単なカレーライスに必要な材料さえ、考えられません。何を買うのか分からないから、買い物にも行けません。重い悲嘆の人が買い物に行けない理由に「人に会いたくないから」とよく言いますが、それに加えて何を買えば良いのか分からないという問題もあるのです。これが、喪失直後の悲嘆の状態です。

②時間の経過と共に

こういう状態は、時間の経過と共に変化していきます。ただし、この時間は一定の決まった時間ではなく、その人にとって必要な量の時間です。一年、五年、一〇年など、かかる時間は人それぞれです。

ですから、一周忌だからと「少しお元気になられました?」などと決して言ってはいけません。特に親しい人が「少し眠れるようになった?」などと聞くのは良いとしても、関係が職場で一緒という程度だとすごく嫌がられます。つまり、大切なのはあくまでもその人にとって必要な量の時間であって、一年経ったから、三回忌だから……、ではないのです。

このように、悲嘆は一人ひとりの感情ですから個人差が大きく、回復にかかる時間も画一的ではないということを覚えてお

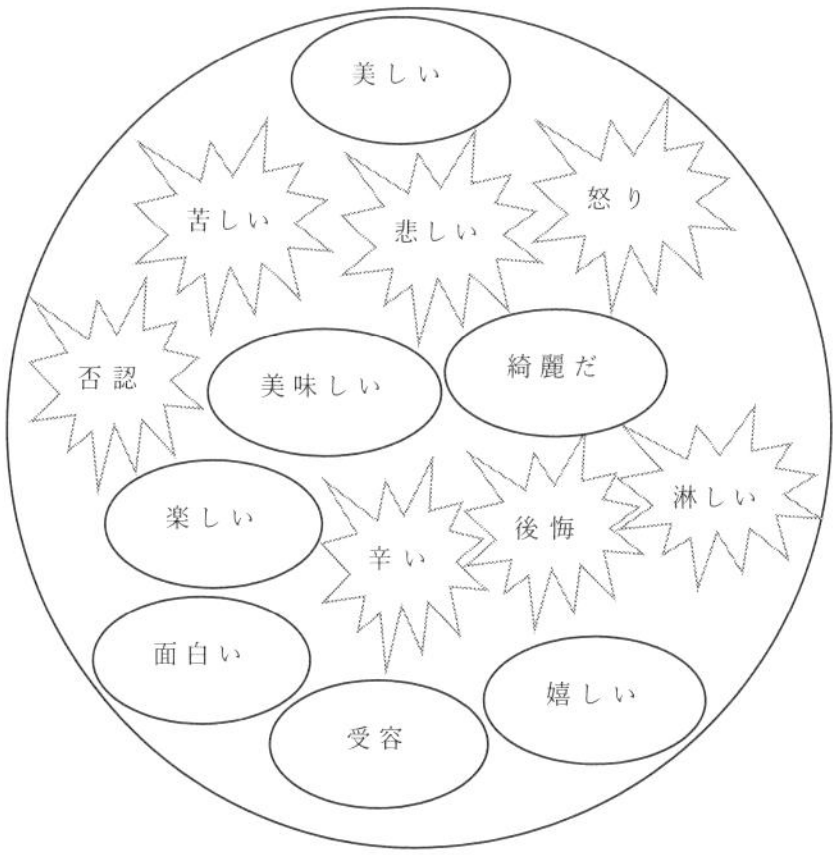

図2　時間の経過と共に

きたいと思います。

しかし、「時薬《ときぐすり》」というものはあるのです。ありがたいもので、時間の経過に従って、徐々に心の中に他の感情も存在していることに気付くのです。

図2を見ると、その人の心の中に家族を亡くした悲しみや苦しみはありますが、時間と共に、綺麗な花を見て「綺麗だな」と思ったり、美味しいものを食べて「美味しいな」と思えたりする隙間が広がっています。悲嘆から回復する時に「色が出てきました」と表現する話をよく聞きますが、本当に辛い時には何を見ても色がありません。全て灰色の世界になっているし、食事も何を食べているのか分かりません。

悲しみや苦しみを体験している時には、その感情に大きなエネルギーを使っていますから、他にエネルギーを使うことができない状態にあるのです。

③死別悲嘆の事例

死別直後の悲嘆の事例について、考えてみましょう。

初めて遺族会に参加したある女性から、こんな自己紹介を聞いたことがありました。

「初めまして。私は○○○です。私は、主人を三か月前に亡くしました」

そう言うとワーッと泣き始め、こう続いたのです。

「この三か月間、一睡もしていません。何も食べていません……」

それを、誰もおかしいとも何とも言わず、ただ「そうですか……」とうなずいて聞いていました。

私も何も指摘せず、次のように声を掛けました。

「本当にお辛かったんですよね。今も辛いんですよね」

「そうです、そうです、そうです……」

その後、その女性は夫が亡くなった経緯を話し、発言は他の人に回っていきました。その時、スタッフがお茶と小さなお菓子を配り始めました。その女性は、「私は何も食べないですから。飲まないですから……」と、前に置かれたお茶とお菓子を脇によけました。「どうしましょうか?」という目を向けたスタッフに、私は「そのまま置いといて」という合図をしました。

それで、お茶とお菓子はその女性の脇に置いてありました。私がしばらく意識して見ていると、他の人の話が進む間に、その女性はお茶を飲み、包装の紙袋を破って、中のお菓子を食べていました。私は、それを見て「良かったなあ」と思いました。

人間は、三か月間食べることも寝ることもなくて生きているわけがありません。その女性は、知らない内に寝ていたし、食べていたのです。

帰り際に、私はその女性に聞かれました。

「あら、このお茶私が飲んだんですか。これ私が食べたんですか?」

「そうですよ。でもね、気が付かなかったんでしょ。それで良いんですよ。無意識の内に食べたり飲んだりしてるのよね」

私は、今でもこの場面をよく覚えています。そして二、三か月後、その女性は自ら次のように話していました。

「あの時に私が言ったことを、誰も笑われませんでした。『そんなことないでしょ』って、誰もおっしゃいませんでした。帰りに高木先生に『私が飲んだんですか。私が食べたんですか?』と尋ねたら、『気が付かなかったんでしょ』とおっしゃって、すごく嬉しかったんです。『何ですかあなた、食べてるじゃない、飲んでるじゃない』じゃなかったから。そして、気が付きました。私は、ベッドのお布団では一度も寝てなかった。そして、食卓に食事を置いてそこで食べたことが一度も無かったので、食べていない、寝ていないと思っていたけれども、私はつまみ食いをしていたんですよね。そして、電車の中とかでは居眠りをしていたんですよね」

人間は、やはり逞しくできているのだと思います。図2のように、悲しみや苦しみ、怒りもありつつ、時間と共に徐々に食事も寝ることもできるようになっていく。これが、「時薬」ということだと思います。

ただし、その苦しかった感情は心の中に残ることも忘れてはいけません。乗り切るわけではなく、その悲しみや苦しみと共に生きていく、あるいは慣れていく、共存できるようになるのだと思います。

④フラッシュバック

ここで注意しなければならないのは、感情は何かのきっかけで再び爆発することがあるということです。これを、フラッシュバックと呼びます。

例えば、亡くなった人の誕生日や、一緒に花見に行った日や、あるいは結婚記念日など、その人との楽しい思い出がある日や季節や場面でフラッシュバックは起きやすく、「記念日症候群」とも呼ばれます。

また、記憶を呼び起こす写真・報道や、過去を連想させる映像・言葉などで、フラッシュバックが起こることもあります。その際、他人には気にならない事柄でも、当事者には感情が大きく揺れ動くきっかけになる場合があるので注意が必要です。

フラッシュバックが心身に与える影響としては、過呼吸になったり、てんかんのように身体が硬直したりすることが挙げられます。最悪の時には、衝動的に自死に至るケースもあります。

精神科の医師によると、てんかんとフラッシュバックの違いは、意識が無くなるかどうかだそうです。てんかんの場合には、瞬間的でも意識が一時無くなります。でも、フラッシュバックは、ごく稀な場合を除いてほとんどは意識が残るとのことです。

こういうこともあると、理解しておきたいと思います。

5　悲嘆感情の例

　このように、悲嘆の過程では、決まった感情が決まった順番で現れるわけではありません。ただし、悲嘆の際にどのような感情が込み上げてくるかについてはよく知っておくことが大切です。ここで、改めて悲嘆感情の例について見てみましょう。

　悲嘆感情とは、図3のようなもので、自分の中にあるマイナスの感情です。これらは、臨床現場でよく見聞きする、自分にとって大事なものを喪失した後に体験する感情です。

　これらは、普段の日常生活ではあまり考えないし感じません。けれども辛くなった時、こういう感情がどんどん出てきます。怒り、自責の念、人に対する恨みつらみなど、自分の中にこれほど嫌な感情があったのかと驚くほどです。

　悲嘆感情の中で私が一番怖いのは、後追い自死願望です。例えば、我が子を亡くし、「あの子に会いたい。今すぐ会いたい！」と自死したくなるケースがあるのです。

　なお、私は「自殺」という言葉をあまり使いたくありません。「自殺」は自分を殺すということですが、「自死」は自ら死を選ぶという意味にも取れますから、その方がぴったりくるような気がします。

　また、図4のように、悲嘆感情が身体にまで影響を及ぼす場合があります。中には、がんや糖尿病など、死に繋がるような身体の不調が生じる場合もあります。

　軽く見てはならないのは、失明です。悲嘆により、視神経がダメージを受けてしまうのです。実際に、私は悲しみのあまり本当に目が見えなくなってしまった例を三人知っています。もしその兆候があれば、すぐに病院で診察を受けなければなりません。

これらのことからも、悲嘆はできるだけケアされなければならないと思っています。

図3　悲嘆感情の例

・悲しさ　・苦しさ　・辛さ　・淋しさ　・ひもじさ　・やりきれなさ　・狂おしさ
・悔しさ　・無念さ　・虚しさ　・苦々しさ　・煩わしさ　・息苦しさ　・寒々しさ
・怒り　・憤り　・憎しみ　・恨み　・不機嫌　・苛立ち　・悪意　・敵意　・殺意
・処罰感情　・嫌味　・皮肉　・冷笑　・冷淡　・意地悪　・無慈悲　・八つ当たり
・批判心　・否定心　・糾弾心　・断罪心　・攻撃心　・暴力心　・復讐心　・残酷心
・喪失感　・虚無感　・失望感　・絶望感　・無力感　・徒労感　・挫折感　・劣等感
・孤独感　・孤立感　・不快感　・不自由感　・不公平感　・不如意感　・不本意感
・投げやり　・諦め　・無関心　・無感動　・無意味感　・無価値感　・厭世観
・後悔　・罪悪感　・罪責感　・刑罰感　・被虐感　・遺棄感　・脆弱感　・屈服感
・疎外感　・閉塞感　・漂流感　・暗黒感　・敗北感　・恥辱感　・焦燥感　・飢餓感
・不安　・不信感　・猜疑心　・執着　・嫉妬　・羨望　・悪趣味　・自己憐憫
・欲求不満　・甘え　・我がまま　・傲慢不遜　・承認欲求　・同調欲求　・他人志向
・否認　・卑下　・後ろ向き　・モラルの低下　・強がり　・虚偽心　・虚栄心
・泣きたい思い　・叫びたい思い　・出口の見えない思い　・過去に捕らわれる思い
・苦悩　・困惑　・動揺　・狼狽　・恐怖　・ショック　・パニック　・半狂乱
・破滅願望　・自責感　・自虐心　・自暴自棄　・自死願望　・後追い自死願望

※この他にも、ありとあらゆるマイナスの感情が、大海原の荒波のように一時として静まらずに常に複雑に絡み合いながら悲嘆者を苦しめる。

図4　悲嘆感情が身体に及ぼす影響例

・情緒不安定　・睡眠障害　・認識障害　・思考障害　・記憶障害　・見当識障害
・体力低下　・気力低下　・意欲低下　・注意散漫　・倦怠感　・慢性疲労
・食欲減退　・消化不良　・慢性胃炎　・摂食障害　・過食症　・拒食症
・肩こり　・体ゆすり　・心身緊張　・心身硬直　・直立困難　・歩行困難
・舌打ち　・独り言　・涙腺の緩み　・号泣　・感情麻痺　・不感症　・離人症
・放心　・憔悴　・発熱　・風邪　・動悸　・息切れ　・過呼吸　・喘息
・口渇　・喉のつかえ　・どもり　・失声症　・吐き気　・嘔吐　・吐血
・目まい　・目の霞み　・失明　・幻覚　・耳鳴り　・騒音嫌悪　・難聴　・幻聴
・頭痛　・胃痛　・腹痛　・腰痛　・排尿の増加　・血尿　・下痢　・便秘
・粗暴　・喧嘩腰　・なれなれしくなる　・性の乱れ　・生活の乱れ　・昼夜逆転
・朝起きられない　・引きこもり　・原因不明の不調　・生活習慣病の顕在化
・目の隈　・頬こけ　・肌荒れ　・吹出物　・低血圧　・高血圧　・血圧異常
・脱毛症　・発疹　・体中の痒みや痛み　・悪寒　・全身の震え　・神経痛
・爪を噛む　・毛を抜く　・チック症　・不安障害　・強迫性障害　・自傷行為
・茫然自失　・精神錯乱　・心神喪失　・認知症　・妄想　・被害妄想　・せん妄
・フラッシュバック　・パニック障害　・広場、閉所、先端などの様々な恐怖症
・アルコール依存　・薬物中毒　・ノイローゼ　・鬱病　・躁病　・統合失調症
・貧血　・不整脈　・狭心症　・心筋梗塞　・胃潰瘍　・糖尿病　・がん

※この他にも、様々な症状があります。

6　病的な悲嘆の事例

家族や親しい人が亡くなる、あるいは大事なものを喪失すれば、誰でも悲嘆を体験するものです。これ自体は正常な反応で、ごく当然な人間の感性です。ですから、悲嘆そのものは病気ではありません。しかし、少数ですが、複雑性悲嘆になり病的になる人もいることを知っておきたいと思います。

死別は悲しいことですが、裏切りも辛いものです。裏切りにも様々ありますが、私が受けた相談の中に次のようなケースがありました。

ある女性に、七年間結婚を前提に交際していた男性がいました。結婚後の住居として父親にマンションを購入してもらい、彼も一週間の半分以上そこに泊まるなど、二人は半同棲状態でした。彼が泊まる時、彼女は必ずお弁当を作らされていたといいます。

二人は、勤務するフロアは違っていましたが、大きなビルの同じ会社で働いていました。結婚の約束済みだったので、二人での食事や旅行の際には、お金は彼女の財布から出していました。彼の給料は結婚後のために貯金するということで、彼女は彼に一生懸命尽くしていたわけです。

こうして結婚するのを待ちわびながら過ごしていたある日、職場で彼女のフロアに彼が現れました。用事を済ませて出ていく彼を追って、彼女は尋ねました。

「今日、泊まる？」

「僕、結婚するからね」

もちろん彼女は、彼が自分と結婚するのだと思いました。ところが――。

「○○さんとだよ」

それは、なんと同じ会社で働く女性で、彼女もよく知っている名前でした。それを聞いた途端、彼女は大声で叫んだそうです。

「あなたを殺して私も死ぬ！」

そこから、彼女には記憶が無いそうです。後に色々な人から話を聞くと、周囲の人達が制止する中で、彼女は「あなたを殺して私は死ぬんだから！」と叫び続けたそうです。

それで、会社は警察を呼び、警察は彼女を精神病院に連れて行きました。生命に関わるからです。そして、彼女は精神病院で我に返ったそうですが、それでも「あなたを殺して私は死ぬんだから！」と言い続けていたそうです。

彼女が精神病院に入院して約三週間後に、精神科の医師から私に電話がありました。

「彼女は精神病ではありません。大きなショックを受けて、情緒不安定になっているだけです。髙木先生、協力してください。話を聴いてあげて欲しいのです」

その精神科の医師からは時々、自殺未遂の人などのケースで同じような紹介がありました。

そこで、私は彼女に修道院に来てもらうことにしました。おそらく、環境が全く違うところで話を聴いた方が良いと思ったからです。もちろん、精神科の医師には「絶対に、彼女に一人では来させないでください」と念を押しました。私自身も、身の危険を感じないわけではなかったからです。

そして、彼女はソーシャルワーカーと一緒に修道院にやって来ました。私が応接室に入り、少し世間話を始めると、突然彼女は立ち上がって土下座しました。といっても、私に何か謝るためではありません。泣き叫びながら、両手で床をバンバンバンバン激しく叩き始めたのです。

「こんなはずではなかった！　こんなはずではなかった！」

それは大変でした。そのままでは手がおかしくなってしまいます。

「その手を取ってください！」と、私は彼女の片方の手をソーシャルワーカーに頼み、自分はもう片方の手を両手で取りました。二人で必死になって、彼女の手を握って放しませんでした。すると、今度は彼女は自分の頭を床に強くぶつけるのです。それくらい激しい怒り、悲しみでした。もう自分は生きていたくない、でも自分が死ぬ前に彼を殺したい、だから今生きているのだ……、ということだったのです。

その後にようやく落ち着いて、私は彼女のこの七年間の話を聞きました。私自身は何もできなくて、ただただ「あら、そうだったの……」と伺うだけでした。

それから毎週、彼女は修道院に通って来ました。時には気が狂ったかのようで、彼女に生命を奪われるかもしれないという場面もありました。

「私を殺してあなたの気持ちが楽になるなら、殺しても良いのよ。でもね、そんなことにはならないから辛いのよね」

「そうなの。髙木先生殺したって、私の気持ちは楽になりません！」

「そうなのよね」

「でも彼を殺す」

「そう……。私もあなただったら、殺しちゃいますよ」

「そうでしょう。先生も殺します？」

「そうよ。私もあなただったら、殺しちゃいますよ」

そう言うと、彼女は喜んでいました。

こんなことを書くと道徳に反しているとの指摘があるかもしれませんが、この時の私にとって最も大事なことは、彼女の悲しみをそのまま丸ごと肯定的に受け止めることでした。実際、そういうやり取りがあって私達の信頼関係は深まっていきました。

そして、彼女と初めて会ってから四週間になる時、精神科の医師から電話がありました。

「彼女は元気になったので、今回は一人でも良いですか？」

「いいえ、私は怖いから……。途中で何をなさるか分かりませんから、またソーシャルワーカーの方とご一緒にお願いいたします」

修道院にやって来た彼女の顔は、本当に晴れやかでした。

「どうしたの？」

彼女の話は、次のようなことでした。

その精神病院には私も時々訪問していたので様子を知っているのですが、病院内に大きな庭があってベンチがありました。昼食後、彼女はそのベンチに座ってゆっくりしていたそうです。

そこに、精神病で身体も衰えた男性が、妻と三、四歳くらいの小さな女の子と一緒に出て来て、ベンチで弁当を開けて食事を始めたそうです。男性は自分で食べられないので、妻が箸で男性の口に入れます。時々、その女の子も自分の分をパパの口に差し出すと、男性も食べていたといいます。

そして、食事が終わり、妻が片付けて立ち上がると、その男性も立って、まだベンチに座っていた女の子に優しく手を差し伸べたのだそうです。女の子は、パパの手を握って立ち上がり、一緒に病室の方に歩いて行ったということでした。

その様子を見ていた彼女は、あれほど身体が弱って自分で食べることさえできない人が、自ら子供に手を差し伸べて、一緒に手を繋いで歩いて行く……、私は病気ではないのにここで何をしているんだ、と思ったそうです。

「それで、我に返りました。私は、こんなことしていられない。私に子供はいないけれども、私なら手を差し伸べるだろうかって気付いたんです」

それを機に、彼女は元気になり、精神科の医師に話したそうです。

「私は、もうこんなところにいられません。私は、元気になって働かないといけないんです」

その精神科の医師も二、三日様子を見ていたそうですが、彼女は確かに元気になっていました。それで、先述の「今回は一人でも良いですか?」という電話になったそうです。でも、私はその姿を見ていなかったので、その時は疑っていたのです。

訪れてきた彼女は、私に抱き付いて泣きながらこう話しました。

「髙木先生、ありがとう。髙木先生、ありがとう。髙木先生は、私の話を聞いてくれただけだったけど……。私が元気になれたのは、あの病気の男性のお陰です。あれほど弱っていながら自分の子供に手を差し伸べた姿に、私は元気をもらったんです」

彼女は、気が済むまで泣いていました。私は、本当に嬉しくなりました。

グリーフケアにおいて、相手を支えるとか、力を与えるとか、元気にするというのは、ただありきたりの言葉で慰めたり黙って話を聞いたりすることではないのです。

そして、誰かが生きて誰かを愛している姿を見せること、それもまた本当に私達の生きる糧になるということを、私は彼女から教わりました。

その後、彼女は別の仕事で働き始めました。やはり、「人を裏切ってはいけない」と思ったケースでした。

7 ターミナルケアの事例

終末期《ターミナル》にある患者へのグリーフケアのことを、ターミナルケアと言います。

私は、高齢者などのターミナルケアにも携わっています。多くの人達は、死を前にした時、自分が消えてしまうのではないかという恐怖に怯えます。この「消える」という言葉を、皆さんよく使われます。

「自分の存在が消えるなんて、人間として受け入れがたい。本当に恐ろしい……」

そうした消滅恐怖に出会う時、私はいつも「私は、神様でも仏様でも預言者でもないのよ。でも、私の確信だから聞いてちょうだいね」と、次のように話します。

「大丈夫よ。向こうで待っていてちょうだい。私の時は、迎えに来てちょうだいね」

と、まず消えるのではなく、向こうに存在し続けることを強調します。

「良いところで待つのよ。あなたは『自分が行くところは地獄しかない』とおっしゃるけど、私は地獄には行きたくないから、地獄では待たないでね。人智を超えた大いなるもの《サムシング・グレート》、つまり神様や仏様の慈悲や慈愛によって、必ずあなたが行きたい浄土、あるいは極楽、あるいは天国に行けますから、あなたも自分はここに行きたいというところをちゃんと心に決めてちょうだい。そしたら、そこに行けるのよ。そこで、待っていてちょうだいね」

すると、「信じ切れない」と言いながらも、「髙木先生に騙されたと思って行って良いですか？」という人も出てきます。

「良いわよ。髙木に騙されたと思って行ってちょうだい。極楽に行ったら、そこで待っていてくださいね。地獄に行ったら、迷い出て来てちょうだい」

いまだに、誰も迷い出て来ません。

この次元の違う素晴らしい次の世界を、科学的に証明することはできません。人智を超えた神聖な世界は、信じる以外ありません。現世とは次元の異なる来世は、現世の人間には認識できません。ですから、死後の世界は信じるという次元でしか考えられないのですが、私はそれを確信しています。

終末期には、「○○さんが迎えに来た」「向こうで○○さんが待ってくれている」など、いわゆる「お迎え現象」もよく聞きます。実は、これはとてもありがたいのです。

中には、「ペットが迎えに来た」という人もいます。

ある男性が寝ているベッドに、愛犬が迎えに来ました。ベッドから手を出してその愛犬に舐めさせたかったけれども、舐めてくれずに向こうに行ってしまったそうです。それは、三年前に死んだ愛犬で、彼はその後はもう犬を飼う気持ちが無かったといいます。

二、三日後、その愛犬がまた来たそうです。するとそこに、彼が以前その愛犬との散歩中に仲良くなった名前も知らないおじさんも、自分自身の飼い犬を連れて「ヤーヤーヤーヤー」と来たというのです。

「あのおじさんも死んでるんだけどな。でも、俺の愛犬と一緒に来てくれた。あのおじさん、俺の愛犬をすごく可愛がるもんだから嫉妬さえ感じたよ。あれは、迎えに来てくれたのかなあ……」

男性は、それで安心したそうです。

また他にも、ある男性は四〇年ほど前、三歳の子供を病気で亡くしていました。その男性のところに、亡くなった当時の子供が「パパ、パパ、パパ」と走って来たそうです。彼は、足音で「あの子だ」と分かったといいます。しかも、その子は閉まったままのドアから入って来たそうです。

それまで、その男性は死ぬのが怖くて堪りませんでした。しかし、その「お迎え」を体験してからは、「あの子に会えるんだ。私を待ってくれているんだ」と、死に対する考えがガラッと変わりました。愛する子供と再会できるという希望が、この男性を安堵させたのだと思います。

このように、「お迎え現象」を体験すると死を楽に迎えられるようになります。向こうの世界があること、誰かが待っていること、自分は消えて無にならなくて良いということを実感できるからです。

注

1 Elisabeth Kübler-Ross, *On death and dying*, New York, 1969. 邦訳、エリザベス・キューブラー・ロス『死ぬ瞬間――死とその過程について』鈴木晶訳、中公文庫、二〇二〇年。

第3章　子供の悲嘆について

髙木　慶子

悲しい、苦しい、辛いなどのマイナス感情が出てくる悲嘆は、決して大人だけのものではありません。子供も、強い悲嘆感情を持ちます。時には、大人より強く感じているのではないかと思うこともよくあります。

本章では、未就学児から大学生くらいまでの子供の悲嘆について考えていきたいと思います。そうした子供達は、既に大人になってしまった私達にとって、まるで別世界の住人のように思われるかもしれません。しかし、心配はいりません。私達はかつて子供だったわけですから、忘れていても、その時々に感じていた悲嘆のことを思い出すようにしてみてください。

1　子供の悲嘆の原因となるもの

①親との死別

一番辛いのは、親との死別でしょう。これは、大人も子供も同じだと思います。

私がターミナルケアに携わっていたある女性が、三四歳で亡くなりました。その女性には、子供が二人いました。小学校二年生の男の子と、四歳の誕生日を直前にした女の子のM子ちゃんです。

女性が亡くなって、「すぐ病院に来て欲しい」と連絡がありました。私は予定以外には行かない約束でしたが、幼い子供がいるからという担当看護師たっての依頼でしたから、すぐに行くことにしました。

病院に着くと、亡き女性はまだ病室にいて、入口のドアの傍に夫の姿がありました。

「家内が亡くなりました。家内が死にました！」

大きな声でした。急なことで、彼が非常に辛い悲嘆の状態にあることがよく分かりました。

すると、病室への長い廊下を子供がパタパタと走る音が聞こえ、男の子がやって来ました。

「ママは亡くなったんだよ。死んだんだよ！」

パパが、また大きな声でその男の子に言いました。彼はママが亡くなったことを理解して、ベッドにしがみついて、大きな声でわんわん泣きました。

次に、祖母と一緒にM子ちゃんが走って来ました。また、パパが伝えます。

「ママは亡くなったんだよ。死んだんだよ……」

でも、M子ちゃんにはママが亡くなったことが分かりません。それで、いつものようにベッドに「よいしょ、よいしょ」と上がり、ママの胸の上に登って行きました。

「ママ、お目め、開けて」

M子ちゃんは、小さな可愛い手でママの目を開けるのです。すると、まぶたが開きます。でも、手を離すと閉じてしまいます。それでも、M子ちゃんは「ママ、お目め、開けて」と何回も繰り返していました。いつもなら、目と目で話ができたのでしょう。ところが、それができません。

「ママ、帰って来てちょうだい。ママ、帰って来てちょうだい！」

M子ちゃんは、大きな声で何度も言って泣きじゃくりました。

生命《いのち》というものは、それが身体の中にある時にはママですが、その身体から抜けてしまえば、目の前にママがいてもそれはママではない……。M子ちゃんの「ママ、帰って来てちょうだい！」を聞きながら、私は人の生死について改めてはっきり教えられたように思いました。

そのM子ちゃんは、今でも私に会うと「ママのにおいがする」と言います。あの時、泣いているM子ちゃんをパパが後ろから抱いたのですが、全く泣きやみませんでした。それで、私が「M子ちゃん、泣いて良いのよ」とずっと抱き締めていたのです。そして、M子ちゃんは泣くだけ泣いて、疲れて私の胸で眠ってしまいました。M子ちゃんはその時のにおいを、ママのにおいだと思っているのでしょう。

大人も子供も、愛する大切な親との死別は特に辛いことです。ましてや、子供にとっては生涯忘れることのできない深甚な悲嘆となる体験だと思います。

②親の離婚

次に子供の悲嘆の原因となるものに、親の離婚があると思います。

両親にとっては、相互に愛情が無くなり、新しい愛と希望を求めての離婚かもしれません。しかし、子供にとっては、どちらかの親と別れることです。つまり、当然持っているはずの父親と母親を持つ権利を一つ失くすということです。時には、祖父母などに引き取られ、二つとも失くすことさえあります。

これは、とても由々しき事態だと思います。子供にとって親が離婚する時には、離婚前は両親の不和により家庭で居場所が無くなるという辛さがあり、離婚の際は自分の存在を否定されたというショックがあり、さらに離婚後は自分の本当の親に会えなくなるという淋しさがあります。どちらか一方の親が子供を引き取った場合、もう一方の親に一か月に一回くらい会わせる約束があることもありますが、私の知っている限り、離婚した相手に子供を会わせることはほとんどありません。

こうした家庭愛の喪失体験は、子供にはとても辛いことだと思います。

③親の再婚

親の再婚も、子供の悲嘆の原因になると思います。

例えば、もし母親に引き取られていたとすれば、子供にとって母親の再婚は未知の大人の男性との出会いです。ママにとっては愛する人であったとしても、子供には関係ありません。子供にとっては、自分のパパを奪われた思いを持ち、また別の新しい大人の男性とうまくやっていかなければならないわけです。やはり、そうした安心・安全の喪失体験はとても辛いことだと思います。

これは、父親が再婚する場合も同様だと思います。

④親の病気

次は、親が病気の場合です。

子供は、親に無条件に保護されるのが当たり前と思っています。子供が病気になれば、看病もされます。また、それがあるから子供は安心して生活できるのだと思います。それが逆になり、パパやママが病気になれば、子供は心配で堪りません。

あるお母さんが、高熱で寝ていました。その家には、小学校三年生と幼稚園に通う五歳の二人の男の子がいました。兄は、夕方になるとお腹が空いて「ママ、ご飯早く～」と駄々をこねていました。弟は、水の入った洗面器のタオルを一生懸命絞って、お母さんの額に乗せていました。でも十分に絞れないので、タオルの水がお母さんの枕に沁みてずぶぬれになっています。それはよく分かっていたけれども、お母さんはそれが嬉しくてずっと何も言わないままでした。

「嬉しさと、子供に対する愛おしさで複雑な思いでした」

と、そのお母さんは話していました。弟もお腹は空いていたのでしょうが、ママが早く元気になるようにと必死だったのです。その心の内は、どんなに心細かったでしょうか。

親は無条件に子供を守る保護者ですから、その逆の立場に立ったら子供は辛いだろうと思います。

⑤ 親からの虐待

親から受ける虐待は、深刻な問題だと思います。

幼児虐待は、いまだに世間を騒がせています。虐待を受けた子供が親になり、「理屈では分かっていて決してしないと思っていても、手が出てしまいます」という人が多いのです。

ある女性は、子供の頃に親から暴力を振るわれていました。だから、決して子供を虐待してはいけないと頭ではよく分かっています。ところが、気が付くとその自分が子供にイライラして二日間食事を与えていませんでした。

ある時、そのママは家の小さなベランダに子供を座らせて「立っちゃダメ！」と怒っていました。それに気付いた彼女は、決してしてはいけないと思っていたことをしている自分は危ないと考え、子供を親戚に預けました。

「虐待というのは、身体に覚えさせちゃう。頭で理解していても、身体が覚えていて、自分も子供に同じことをしてしまう。またイライラした時に、何をするか分かんない。それが怖いんですよ……」

彼女は、私にこう話しました。

さらに、親からの虐待の中でも、特に子供に深刻な影響を与えるものに性的虐待があります。性的虐待は、親からだけでなく近親者や周囲の人達などからの場合もありますが、いずれにしても、大人でも辛い性的虐待は、特に信頼する大人からの場合は、子供に生涯を通じて耐えがたい苦痛と悲嘆を与えることになります。

幼い時に受けた虐待は、一生の心身の痛みとなり、生涯続く大きなトラウマになります。しかも、大人になると今度は自分が子供を虐待する苦悩を抱えることが多いです。ですから、子供は決して虐待してはいけません。

⑥友達からの暴力やいじめ

続いて、友達から受ける暴力やいじめの問題があります。

子供時代に同世代から受ける暴力やいじめは、人間関係が未熟なだけに怖いと思います。つまり、どれくらい叩いたらどの程度痛いのか、どのくらいいじめたら生きていけなくなるのかなどが分からないからです。

日本に住む私達は銃で人を殺すことはないと思いますが、大人も子供も言葉で人を殺すことはあると思います。これは私も体験していて、こんなことを言われたら私は生きていけないと思い詰めたことがあります。

いじめは、相手に筆舌に尽くしがたい苦痛を与えます。特に、身体の暴力はもちろんですが、言葉の暴力がどんなに恐ろしいかを見逃してはいけません。誹謗中傷により、自死に追い込まれる人がいます。これが一番怖いことだと思います。悲嘆の原因となる中で、言葉の暴力は決して忘れてはならないと思います。

⑦貧困

次は、貧困です。貧しさは、人やその周囲の人達を苦しめます。

私は、よく少年院に行って色々な子供達の話を聞きます。その中に、「僕はずっと万引きをして、それで少年院に来てるんです」という少年がいました。

「僕が万引きしたのは食べたかったから。本当にお腹が空いてひもじかった。だから万引きして食べたんだ」

可哀そうなのは、原因が貧困だということです。飢えている状態では、自分を生かすために他者の物でも取って食べたいと思うのは当然に起こる気持ちだと思います。だから、ひもじさは犯罪に繋がります。

二〇二二（令和四）年七月、安倍晋三元内閣総理大臣が不運の銃撃で亡くなりました。容疑者がしたことは、決して認められません。しかし、彼の人生を考えると、銃撃までしなければならなかったのは、彼の母親が旧統一教会にあるべきお金を寄付してしまったがゆえのようです。その貧しさが、彼をあそこまで追い詰めたのではないでしょうか。

⑧戦争や災害

次は、戦争や災害などの残酷な現場を、見たり、聞いたり、体験したりする問題です。阪神・淡路大震災の時、私は色々な恐怖を経験し、無残な現場を目にしました。あの体験は、いまだに私の心に深い傷を残しています。ましてや幼い子供の場合、そういう異常な体験は強いトラウマになると思います。第二次世界大戦が終わったのは、私が小学校三年生の時でしたが、それまでの三年間、空襲でとても辛い日々を送りました。ですから、ああいう恐怖体験を子供にさせてはいけないと強く思います。

今日でも、戦争で他国に避難する人達は口々に話します。

「子供に戦場となっている現場を見せたくなかったから、避難して来たんです」

これは、本心だと思います。子供には、戦争の恐怖を経験させたくないし、残酷な戦場も目撃させたくありません。そういう悲惨な現場を見たり聞いたり体験したりすることは、心身の成長に決して良くないことです。子供に、一生残る大きな悲嘆を背負わせてしまいます。これを、私達はよく知っておかないといけません。絶対に、戦争をしてはいけません。

子供達に与える戦争の影響の恐ろしさを、やはり大人は知っていたいと思います。

今、どうしてロシアとウクライナの戦争が続いているのでしょうか。私は、ロシアのウラジーミル・プーチン大統領だけではなく、その周りにいる人達も、そして西側の人達も、世の中に「プチ・プーチン」がたくさんい過ぎるのだと思います。だから、互いに譲りません。ロシアはあれだけ広大な自分の土地がありながら、どうしてウクライナの土地を……、と不思議に思います。

私は、プーチン大統領の心には何か深い悲嘆があるのだと思います。彼の周囲には、その悲嘆をケアしてくれる人がいないのでしょうか。

⑨未知の環境

子供は毎日、これまで経験したことのない未知の世界を体験しています。それは、新しい人や新しい場との出会いです。

例えば、幼稚園や保育園に入園すれば、まず自分の絶対的な守護者である親と離れることになります。そして、全然知らない人達と毎日付き合っていかなければなりません。これは、子供にとっては恐ろしい体験です。そこでは、自分の知らない場所や人間関係に独りで入っていかなければならないという淋しさや不安が付きまといます。だから、それは悲嘆の状態なのです。

幼稚園や保育園などに入園したばかりだと、お母さんと離れたくなくて、お母さんの身体を一生懸命つかんで「イヤだイヤだ」と泣いている子供がたくさんいます。あれは、本当に離れたくないのです。自分が親しんでいる世界から別の慣れていない世界に入るのが怖いから、親にしがみつくのです。泣き叫びながら、どうにかして離れないようにと親にしがみつくその姿からは、どれほど心細いのかが伝わってきます。

⑩転校

同様に、転校もまた子供の悲嘆の原因になります。

学校を転校すると、それまで慣れ親しんでいた友達や環境と別れ、全く知らない場所で改めて一から新しい同級生達と仲良くなっていくために、子供にはすごくエネルギーが必要です。「天真爛漫」という言葉があるように、子供は物事にすぐ慣れるように思われがちですが、実は大人が思う以上にとてもデリケートです。

ですから、大人の都合で転勤などに伴って子供が転校しなければならない時には、親も周りも気を付けたいものです。

⑪親しい大人との別れ

両親、祖父母、学校の先生、近所の人達などの親しい大人との別れも、悲嘆の原因になります。この別れには、死別のみならず、生別や裏切りや短時間離れていることなども含まれます。

その中でも一番辛いのは、やはり死別でしょう。それまで親しくしていた大人が亡くなるのは、子供にとっては非常に辛いことです。というのは、子供は人生を始めてまだ年月が浅く、親しい人自体が少ないわけです。それだけに、親しい大人との関係は非常に親密であり、その別れはとても辛くて淋しく感じられます。特に、優しく愛してもらった祖父母や近所の人達などとの別れは、生涯忘れられないことになります。

こんなことが、ありました。

小学校六年生のある女の子が、どうしても学校に行きたくないと急に不登校になったのです。それを心配したお母さんから、私に相談がありました。私は、その子と話をしました。

「色んなことがあったのよね。でも辛いのよね……」

私が優しく話を始めると、その子は私に飛び付いてギューッとハグしてくるのです。最初、私はその原因を、お母さんやお父さんに抱き締められることが少なくなっているのかしらと思いました。

「どうしたの？」

「隣のおばちゃんが死んでしまったの……」

本当の原因は、「隣のおばちゃん」との死別だったのです。私はそれを聞いて、そういえば以前別の高校生が同じことを言っていたことがあるのを思い出しました。

これは、第４章で扱う「公認されない悲嘆」の例です（69頁参照）。肉親が亡くなれば、ある意味で分かりやすいので、皆から「淋しいわね」と気づかわれます。しかし、自分をすごく可愛がってくれた「隣のおばちゃん」が亡くなった時、その子にとっては本当にとても淋しかったのです。だから、彼女は私に抱き付いて泣いたのです。

でも、その子はとても辛いのですが、周囲の人達にはよく分かりません。

「隣のおばちゃん、亡くなったの。悲しいわねぇ、辛いわねぇ……」

私は、彼女と一緒に悲しみました。その女の子は、「どうして私のこと分かるの……」と言って泣いていました。それ以来、その子は遠いにもかかわらず、学校帰りに私のいる修道院に「どうしても寄りたい」と毎日のように来ていました。帰りはパパが心配して迎えに来ましたが、それまでの間、二人で一緒に夕食などを楽しみました。

自分を可愛がってくれた人との死別は、大人もそうですけれども、子供にとってはまだまだ人間関係が少ないだけにとても辛い悲嘆体験だろうと思います。

⑫ 親しい大人からの叱責

両親や学校の先生といった親しい大人からの叱責も、子供の悲嘆の原因になります。

親から叱られることも、先生から叱られることも、いずれも子供にとっては辛いことです。なぜなら子供は、親や先生といった親しい大人達を、自分を無条件に守ってくれる保護者だと思っているからです。その保護者と信じている親しい大人から怒られると、子供は非常に傷付いてショックを受けるのです。それを、私達大人はよく分かっていたいと思います。

⑬ 思い通りにならない現実

続いて悲嘆の原因となるものに、思い通りにならない現実があります。大人になると忘れがちですが、私達は誰でも子供の頃にこういう経験をしているはずです。

数十年ほど前のことですが、ある時私が実家に帰ると、幼稚園に通う姪が、翌日の運動会を前に祖母（私の母）にテルテル坊主を作ってもらっていました。そして、マリア様の像のところでも一生懸命に「明日お天気になりますように」と祈っていました。でも、翌日は雨の予報です。可哀そうにと思いながらも、私は姪に声を掛けました。

「お天気になるようにお祈りするわね。でも、もし雨だったらどうする?」

「いや、雨じゃないの。お天気なの！」

姪はこう言って頑張っていましたが、案の定、翌日は雨でした。当時、姪の家族は実家の数軒先に住んでいて、姪は雨に濡れながらやって来ました。

「今日は雨だった。神様は嫌い。マリア様も嫌い！」

大泣きです。それを見ながら、祖母が「明日はお天気になるから、明日こそ運動会があるわよ」と一生懸命慰めていましたが、また次の日も雨でした。可哀そうなことでした。

こういう出来事が、人生は思い通りにならないし、神様に祈っても叶わないこともあるという現実に慣れていく機会なのだと思います。それでも、その渦中の子供にとってその経験は非常に強い悲嘆であることを、私達は覚えておきたいものです。

⑭ 受験の失敗

受験の失敗も、子供の悲嘆の原因になります。

都会では、少子化の今でも、幼稚園に入園する試験のために子供がオムツをしながら塾通いをしています。しかし、私は子供達に、そんな幼い時から受験の失敗の経験はして欲しくないと思います。

幼稚園の受験に失敗しても、子供にはその意味はよく分かりません。しかし、親が悲しんでいるのを見て自分も悲しくなり、自分が何か悪いことをしたように思うのです。

そして、小学校になると、もう子供にも意味が分かります。不合格だと、頑張って勉強したのに受からなかったという辛さや落胆があります。それが、人生のもっと大事な場面で力を発揮できなくさせるコンプレックスになってしまうのです。

⑮ 比較によるコンプレックス

私達は誰でも、色々な場面で人と比較されながらコンプレックスを持ちます。コンプレックスを持たない人は、決していません。これは、人間が持たなければならない一つの特徴だと思います。

ですから、コンプレックスは決して悪いものとは思いません。しかし、プラスに働くコンプレックスもあれば、マイナスに働いて本来の能力を発揮できなくさせるコンプレックスもありますから、気を付けたいと思います。

幼い時のコンプレックスは、成績が良いとか悪いとか、兄弟姉妹と比較されるとか、身体が小さいとか、走るのが遅いとか、必ず何かと比較されてのものです。やはり、教育や家庭の場で、比較して子供にコンプレックスを抱かせてはいけないと思います。子供には、健全な自尊心を持たせるようにしないといけません。

コンプレックスは、自己肯定感を弱くします。ですから、ここはとても気を付けたいところです。なぜなら、十分に注意しなければ、子供が一生悲しい人生を送らなければならなくなると思うからです。

⑯ スピリチュアルペイン

スピリチュアルペインは、子供の悲嘆の大事なポイントです。

ところが、まだまだ多くの学者や医療関係者は、スピリチュアルペインをただ「終末期の死への恐怖」とだけ捉えているようです。とんでもありません。日本スピリチュアルケア学会を立ち上げる時から常に私が強調しているのは、スピリチュアルペインは、決して終末期だけのものではなく、人間ならば誰でも幼い頃から持っているものだということです。

「スピリチュアリティ」を別の言葉で言い換えれば、「魂」あるいは「良心」と言えると思います。罪悪感を持つということ、それは「良心」あるいは「魂」を持つということです。

ソクラテスは、私達に「魂の世話をしなさい」という言葉を残しました。日頃、私達は身体の世話はしています。入浴したり、顔を洗ったり、歯を磨いたり、少しでも熱があったら休んだりして、身体の世話はしています。しかし、私達にとって最も大事な「スピリチュアリティ」、つまり「魂」の世話をしていますか、というのがソクラテスの私達に対する呼びかけだったと思います。

それでは、その「魂」とは何か。その一つの側面が、人間の心の奥底にある「良心」だと思います。罪悪感を感じ取る良心、良い心です。私達は誰でも、幼い時からその「良心の痛み」、すなわち「スピリチュアルペイン」を持っているのです。

次の例で、考えてみましょう。

ある幼稚園で修道服の私が廊下を歩いていると、見知らぬ四歳二か月の男の子、A君が沈んだ顔で私の後ろをついて来ました。私は、何だろうと思いました。

「ぼく、どうしたの?」

A君は、緊張した面持ちで答えます。

「お兄ちゃんのオヤツを食べちゃった……」

私はその時、ハッと感じるものがありました。

「あら……、美味しかった?」

「うん、美味しかった！」

その時のA君の表情は、ついさっきまでと違いパッと明るくなりました。

「何を食べたの？」

「いちご」

「いくつ食べたの？」

「一個……」

「ぼくのオヤツも？」

「うん、いちごだった」

「いくつ食べたのかな？」

「五個」

「では、ぼくのいちご五個と、お兄ちゃんのいちご一個、全部で何個かしら？」

A君は、「ウーン……」と考え込み、私の差し出した手の指を「一、二、三、四、五、六」と数えました。数えることはできても、まだ「5＋1＝6」が分からないほど幼いA君が、ついお兄ちゃんのオヤツを食べてしまったのです。誰も見ていません。誰も叱りません。でも、A君にはやはり罪悪感があったのです。

A君が私に「お兄ちゃんのオヤツを食べちゃった……」と言ったのは、要するに良心の告白です。私はそれが分かったので、こう言いました。

「そう、美味しかったね。でもね、これからはお兄ちゃんのオヤツは食べないよね」

「うん！」

A君は、そう言って嬉しそうに走って行きました。

これが、子供が子供なりに持っているスピリチュアルペインです。このA君の例は、「良心の痛み」を誰かに話すことで赦され癒されたいという人間の自然な欲求だったのではないでしょうか。それをしっかり肯定的に受け止めることが、ケアをする上での大事なポイントだと私は考えています。

日本語で「ゆるしの秘蹟」と呼ばれているカトリックの儀式があります。これは、スピリチュアルペインのケアをする行事と言えると思います。自分の罪悪感を言い表した人が、神父をイエス・キリストの代理者と信じ、その神父が「神様があなたの罪を赦してくださいます」と告げるのです。

人は、この言葉にどれほどホッとするでしょうか。人間は誰でも悪いことをして罪悪感を持ちますが、それを赦してもらうことは心を深く癒されることでもあり、本当にとても大事なことだと思います。この「ゆるしの秘蹟」は、第5章で論じる、私が考えるスピリチュアルケアの基本形です（111頁参照）。

ただし困ったことに、世の中には神様に赦してもらえるからと悪いことを重ねる人も確かにいます。ヨーロッパやアメリカなどでカトリック信者が「だからダメなのよ」と言われることがあるのは、麻薬などの大きな罪を犯しながらも教会に行って赦してもらい、また同じ過ちを繰り返すケースが少なからずあるからです。

私が非常に憂慮しているのは、子供の時からスピリチュアルペインとしての罪悪感があるにもかかわらず、多くの人達がそれを罪悪感としてしっかり受け止めていないことです。何か悪いことをしても、自分のせいではなく他人のせいにしてしまう、つまり「誰々が悪いから」と責任転嫁してしまうのです。たとえ誰かのせいであったとしても、自分にも責任があると引き受ければ罪悪感に向き合うことになりますが、そうしないのでその罪悪感がだんだん鈍っていく、自分が悪いことをしたということを忘れていく、それが怖いと思います。

現在でも、まだ専門家の中にさえ、スピリチュアルペインをただ患者が終末期に感じる「死への恐怖」とばかり捉えている人がいる状況です。しかし、実際にはそれだけではなく、終末期には若い頃から向き合わずに未解決なままだった罪悪感としてのスピリチュアルペインもその人を苦しめます。つまり、終末期になって気持ちが過去に向かうことで、それまで忘れたり放置したりしていた罪悪感と向き合わざるを得なくなり、「あの時、あんな悪いことをしなければ良かった……！」と後悔が込み上げてきて、スピリチュアルペインがどんどん増大するのです。これを、よく分かって欲しいと思います。

繰り返しますが、スピリチュアルペインは誰でも幼い時から持っています。ここで取り上げたスピリチュアルペインは、別の言葉で言えば罪悪感であり、その罪悪感に向き合い、悪いことは二度としないという意識を自ら持つことがとても大切だと思います。

⑰ 終末期

私はこれまで、何人もの子供の終末期に立ち会いました。驚くのは、小さな子供は自分の死を新しい世界への旅立ちと素直に受け止める場合が多いことです。

「天国に行くのね。待っててね。あなた、天使になるんだから、お母さんやお父さんを見守るのよ」

「うん。向こうで、ママ、パパ、天使になって見守るよ」

小さな子供達は、そう言って亡くなっていきます。あまり怖さがありません。ですから、そうした子供達の最期は辛いのですが、安らぎに満ちた世界へ旅立ったのだという思いを私達に残してくれることもあります。

それでもやはり、終末期の子供には、親しい人達、特に愛する親と別れる大きな悲しみや淋しさがあるのです。それを感じるからでしょう。多くの親達は、亡くなる子供の耳元で、「パパはここにいるよ。ママはいつも一緒にいるよ……」と、二四時間ささやき続けながら最期の時間を過ごそうとします。

私は、この終末期の別れの悲嘆を最も強く感じているのは、何よりもまず死に逝く子供自身であり、家族のそれよりも重く深いものであることを、どの看取りに立ち会う中でも感じます。

2　子供にとっての悲嘆とは

こうした様々な原因が、子供に悲嘆をもたらすことになります。もちろん、その原因はここに挙げたものだけにとどまらないことは言うまでもありません。

そうした中でも、子供にとって最も悲しい体験は、安心と安全が奪われる喪失体験だと思います。特に、保護者であり無条件の守り手である親との関係で、その保護や守りが疎かになることは、安心と安全が欠損する強く重い喪失体験です。

悲嘆は、愛する人との別れだけでなく、本人にとって大事なものを喪失した後にも体験するマイナス感情です。ですから、非力な子供にとって安心と安全を喪失した時は、大人より深い悲嘆状態になると考えられます。

また、子供は悲嘆を言葉にできないだけに、泣き叫んだり走り回ったりする行為で示します。その行為を正しく理解し、心身の痛みを癒すことは、子供が健康に成長するための重要なポイントだと思います。

幼い時からスピリチュアルペインがあることも、特記すべき点です。例えば、子供は嘘をついた時の「良心の咎め、後ろめたさ」などとして、スピリチュアルペインを自ら感じ取っていると考えています。

3　子供へのグリーフケア

子供のグリーフケアに携わる場合、幼い子供に対して怖い態度は禁物です。また、できるだけ子供の心が怯えないで、不安や恐怖や罪悪感から解放されることを念頭に置かなければなりません。さらに、私の体験からも、小さな子供には子供言葉で話し、安心して話せる身近な大人だと示すことが、子供の心を和らげる大事なポイントだと考えています。

子供がどのような悪さをしても、叱った後には必ず安心感を与える言動が必要です。例えば、抱き締めたり微笑みかけたりして子供の心が穏やかになることを確かめることは非常に重要です。これらの具体的行為により、子供はたとえ悪いことをしても、改心すれば家庭でも地域でも必ず赦して受け入れてもらえるという自己肯定感を強く持つことができます。それは、私の体験上の実感です。

ですから、愛情が片寄った形で受け取られないためにも、幼い時から愛情をただモノで示すことなどがないように注意が必要です。特に、成績によって賞賛したり、褒美で誘導したりすることは、まだ真の愛情ではなくモノで育てているに過ぎません。

子供へのケアで大事な点は、孤独からの解放でもあると思います。そのために、親からの虐待や両親の離婚・再婚による心の痛みはできるだけ早くケアする方法を考える必要があります。例えば、親からの虐待の場合は、周囲や関係機関で連携して気を配り、また両親の離婚や再婚の場合は、関係する大人達全員が互いに協力し合うなどして、皆で子供を守り支えることを意識することも大事な点だと思います。

私は、子供へのグリーフケアは社会全体の責任だと考えています。子供達は、家族や近隣の人達の見守りにより、社会から期待されていると実感し、健康に成長していくことができるのではないかと思います。

子供は、大人からの期待があればそれに応えようとします。そのこと自体が、子供へのグリーフケアになります。子供の心の痛みを癒すものは、決して薬物投与による治療などではなく、「愛情による信頼」なのです。

たとえ家出している子供であっても、「おまわりさん」的な存在ではなく、心の苦しみを共感し、その子供の目線で話し合える大人の存在が、現代の日本社会には必要だと思います。説教をする大人ではなく、共に寄り添う大人がいれば、それ自体が子供のグリーフケアになります。そのためには、大人の方にも、子供への忍耐強い「尊敬と信頼」の姿勢が求められることをよく理解しておくことが大事なポイントではないでしょうか。

【コラム】人を殺した一七歳——子供へのグリーフケア①

ヤクザの構成員になっていた一七歳の少年が、人を殺してしまいました。

その兄貴分が、その少年を私のところに連れて来ました。彼の身体の震えが止まらなくて、どうしようもなかったようです。彼は、震えながら言いました。

「人を殺したんです……」

「ああそう……。正直に話してくれて、ありがとう。だから、身体が震えているのよね」

私のこの一言で、彼はすごく安心したようでした。そして、ことの経緯を語りました。

「あなたご立派よ。そこまで話せたんだから……。警察に自首しなさい」

すると、兄貴分が「いや、させません」と止めます。

「あなたには関係ないのよ。だから、私に任せてちょうだい。私との関係だから、私が連れて行ってあげる。あのね、自分で自分のしたことを認める。人にも認めてもらったら安心するのよ。それが大事なのよね。だからそういうことよ。一緒に行く?」

彼は少しびっくりした顔をしていましたが、自首しました。それは、彼にとってどんなに嬉しかっただろうかと思います。やはり、一七歳で人を殺したというのは耐えられないのです。本当に、全身が震えていました。

【コラム】赤ちゃんができた大学生——子供へのグリーフケア②

ある大学生のカップルが、私のところに相談に来ました。三年生の男子学生と、二年生の女子学生でした。どうやら、婚前交渉で赤ちゃんをつくったことを私にさんざん叱ってもらい、悔い改めて堕ろすつもりのようです。何か、背中を押す厳しい裁きが欲しかったのでしょう。

「僕達は愛し合っていました。だから、彼女のお腹の中に赤ちゃんができたんです」

「おめでとう。良かったわね！　愛し合ったから赤ちゃんが生まれるのは、当たり前よ」

叱られると思っていた二人は、びっくりしていました。

「愛し合ったから、赤ちゃんができたんでしょ。その赤ちゃんを、あなたね、堕ろしますっていうのは中絶することでしょ」

「いや、中絶ではありません」

「中絶じゃなくて堕ろすというのは、どういうこと？　私はね、中絶と堕ろすというのは同じことだと思うのよ。そんな可哀そうなことはやめてちょうだいよ。せっかく愛し合ったのに。実りができたんでしょう。その実りを大事にしなさいよ。ご両親には相談したの？」

「いいえ、していません」

それは、二人とも同じでした。

「あ、そう……。じゃあね、ご両親に相談してみて。そして、相談した結果どうであるかっていうことで、あなた方は決断するのよ。私も、できる支援はします。あなた方が決定したものに私は協力しますから、ご両親と相談なさってね」

二人は、「難しい」と尻込みしていました。

「とっても難しいでしょうね。でも愛し合っていたなら、それは乗り越えられるんじゃない？」

その後押しで、二人はそれぞれの両親に相談しました。すると、いずれの両親も見事に生まれてくる赤ちゃんを応援したのです。

そして、女子学生は大学を中退すること、男子学生は大学を続けること、卒業して彼が就職してそれでもなお二人が結婚したいなら結婚を認める、ということになりました。二人とも、両親に恵まれたと思います。

一年余り後、彼の就職が決まって二人は結婚することになりました。結婚式には、私も出席しました。友達だけの披露宴でしたが、皆喜んでいました。

私が特に嬉しかったのは、それまで友達の女子学生達が、自分達は大学に通っているのに赤ちゃんの子守りを手伝いに行っていたことでした。

二人は、「高木先生に叱られたから、僕達は今があるんです」と嬉しそうな顔をして皆に言いました。すると、皆喜んでワーッと拍手します。ケアをする者として、冥利に尽きる思いでした。

【コラム】「良い人」とは――子供へのグリーフケア③

ある男の子が、東日本大震災で両親と妹を亡くしました。当時、中学二年生でした。

山の上にあった中学校で野球をしていた彼は、地震が起きて山を下りる途中、津波の濁流で谷が埋まっている光景に呆然としたそうです。瓦礫と共に、たくさんの家が流れ着いていたといいます。

そこに、自分の家を見付けました。しかも、ベランダに放心状態の母親の姿がありました。彼も、一緒だった友人達も、必死で呼びかけました。母親も気が付いて、大きな声で彼に叫んだそうです。

「一生懸命生きていきなさい。しっかり勉強しなさい。良い人になりなさい！」

彼にかろうじて聞き取れたのが、この三つでした。彼は、母親を助けるために何度も濁流に飛び込もうとしましたが、周りの友人達が必死になって放さなかったそうです。やがて、津波が家々を巻き込んでもの凄い勢いで逆流していきました。それが、彼が母親の姿を見た最後でした。

大震災から一年半経ち、中学三年生になっていた彼は、私にこう尋ねました。

「一生懸命生きていきなさい、勉強しなさいは分かるけど、良い人になりなさいの『良い人』ってどういう人ですか？」

「良い人って言ったら、色々と説明する人もいるでしょう。でもね、私は一言で言いたいことがあるの。それは、『良い人』っていうのは、自分が人からしてもらって嬉しいことを人にする、人からされて嫌だなと思うことは人にしない、それが『良い人』なんじゃないの」

私の説明に、彼は「ふーん」と言っていました。

そして数か月後、彼はまた私に尋ねました。

「自分がしてもらって嬉しいと思ったことを友達にしたら、『いい迷惑だ』って言われました。どうすれば良いですか?」

「そういう時には、『ごめんなさい』っていう言葉があるでしょ。だから、人が嫌だと思ったら『ごめんね』って言えば良いのよ。そして、人からしてもらって嬉しい時には『ありがとう』って言葉があるでしょう。それだけよ」

今度は「うん」と、彼は納得したようでした。

人間関係は複雑なことがたくさんありますが、実は単純です。嫌なことをされたら怒り、嬉しいことをしてもらったら喜ぶ、それが人間関係だと思います。

だからこそ、「ありがとう」と「ごめんなさい」という言葉がとても大切だと思います。

第４章　公認されない悲嘆と曖昧な悲嘆について

髙木　慶子

悲嘆は、多様です。一般に悲嘆者は、愛する人や大切な物を喪失したことを自ら語り、公にも知られ、それを周囲の人達は気づかいます。これは、公認された悲嘆です。その一方で、分かりにくく盲点になりやすい悲嘆もあります。それが、公認されない悲嘆と曖昧な悲嘆です。

1　公認されない悲嘆とは何か

自分が悲嘆者であることを自ら言い表せない人達、あるいは公に悲嘆者とは知られていない人達のことを「公認されない悲嘆者」と言い、その悲嘆を「公認されない悲嘆」と呼びます。

それらを、具体例で考えていきます。

①犯罪被害者とその家族

まず挙げるのは、犯罪被害者とその家族の悲嘆です。

色々な犯罪がありますが、被害者やその家族は犯罪の被害に遭ったことを自らは語ろうとせず、周囲もそれに触れようとはしません。それは、私達の社会には「犯罪の被害に遭うことは不幸だ」という通念があるからです。また、人が亡くなること自体を「不幸」と捉える慣習もあります。

例えば、二〇一九（令和元）年に京都アニメーション（京アニ）放火殺人事件がありました。そこで亡くなった多くの被害者達は、実名が公表されていません。その人達は何も悪くありませんし、手掛けていた仕事も素晴らしいものです。それにもかかわらず、事件に遭って亡くなった被害者の実名公表を、世間ははばかるのです。

さらに、犯罪被害者とその家族は、周囲の無理解や二次被害を恐れて、受けた被害について他人に話そうとしません。性犯罪や子供への犯罪の場合は、なおさらです。

基本的に、犯罪は異常なだけに、それを経験したことのない他の人達には被害者やその家族の悲嘆の深さを推し量ることが困難です。

だから、多くの場合、私達はこの人達が悲嘆者であると分かりません。それゆえ、これは公に認知されない悲嘆、公認されない悲嘆なのです。

②犯罪加害者とその家族

犯罪被害者やその家族だけでなく、犯罪加害者やその家族の悲嘆も、あまり知られていません。

実は、多くの犯罪加害者も、罪悪感や良心の呵責に苦しみます。もしその過ちが意図せぬ過失であれば苦悩も増し、もし他人の生命を奪ってしまった時は耐えがたい後悔の念に苛まれます。

また、犯罪加害者の両親も、大変苦しみます。「あの犯人は私の息子です」などと、犯罪加害者の親ができれば人に言いたくないのは人情です。しかし、中には誹謗中傷され、「なんであんな犯罪者を生んだんだ」「お前の育て方が悪い」などと責め立てられ、苦しい気持ちを抱えて自死に至るケースもあります。

これは、犯罪加害者の両親のみならず兄弟姉妹や親戚などについても同様です。ですから、ほとんどの場合、犯罪加害者の家族の顔は見えません。

その意味で、彼らもやはり公認されない悲嘆者であり、公認されない悲嘆を抱えていると言えます。

③自死遺族

自死遺族も、その多くは公認されない悲嘆者です。

自死した人の遺族は、自分の家族から自殺者が出たことを頑なに隠そうとします。それは、社会的差別や偏見を恐れてであり、実際にそうした社会の無理解が自死遺族の悲嘆をさらに深め、後追い自死願望を悪化させるケースもあります。さらに、「あの世で故人が苦しんでいるのではないか」「同じ血筋の自分も自死するのではないか」などと、人知れず苦悶することもあります。だから多くの場合、彼らも公認されない悲嘆者なのです。

私はこの三六年間、原則毎月二回、自死遺族のための遺族会「わすれな草の会」を主宰しています。この会の参加者は全員が自死遺族ですから、お互いに「お辛いわねえ……」と心を尽くします。どういう形で自分の家族が亡くなったのかも、はっきり言葉にして話すことができます。だから、参加者からは「気兼ねなく話ができるのはここだけです」との声も聞きます。

同じ体験者同士が集ってケアをし合うのは、とても良いことだと思っています。ただし、注意が必要なのは、「あなたは、まだまし。私なんか……」などと「苦しみ比べ」にならないようにすることです。そうした時、私は次のような例え話をして理解を得ています。

「片方は大きいコップ、もう片方は小さいコップ。その器に、あと一滴入れてもこぼれるという満杯の水が入っています。皆さん一人ひとりが、この状態です。その満杯状態を比べることはできません」

④家庭内問題を抱えた人

夫婦関係や親子関係がうまくいっていないなどの家庭内トラブルは、ほとんどの場合秘密にされています。だから、『家政婦は見た！』などというタイトルで、それらを題材にするドラマなどもよくあります。

しかし、その渦中にいる家族はとても辛いと思います。夫や妻、あるいは子供が、同じ家にいながら家庭内別居するなど、互いに心が遠く離れ、愛を喪失し合っています。その意味で彼らは悲嘆者ですが、その抱える悲嘆を外部に話さないから公には認知されないのです。

⑤死産を経験した人とその家族

早産や流産などの死産を経験した人達も、その多くは公認されない悲嘆者です。

よく「自分が経験しないと分かりませんよ」と聞きますが、本当にそうだと思います。昔は死産を経験する家庭も多くありましたが、医療や栄養の水準の上がった今日、その数は相対的に少なくなっています。しかし、死産を完全に無くすことはできません。

子供ができれば、両親や周囲がその誕生を楽しみにするのは当然です。それが亡くなってしまうのですから、当事者達にとっては堪らない喪失体験です。そうした喪失体験は外部に語られず、また語っても同じ経験をしたことのない人にその悲哀は伝わりにくいという問題があります。

⑥中絶を経験した人とその家族

日本では、様々な理由で中絶（人工流産）を経験している女性の数が大変多いです。一人で、複数回経験している女性もいます。

中絶の経験は、誰にも言えません。そして、自分の心の中で悲しみます。中絶したことで、身体的な病気になることもあります。中には、精神的な病気になるケースもあります。母親にとって、中絶はそれほど辛いものなのです。

「寝ていると、赤ちゃんの泣き声が聞こえるんです……」

「赤ちゃんの泣き声で、ハッと目が覚めるんです。誰もいないけど、夢じゃなかったんです……」

こういう話を、私は不思議なほどよく聞きます。良心の呵責が、そういう声になって聞こえてくるのかもしれません。中絶した子の冥福を祈る水子供養なども、罪悪感からのものが多いのでしょう。

もしその中絶を配偶者や家族が知っている場合、やはり同様に悲嘆を抱えることが少なくありません。

また、ターミナルケアの現場では、「私は昔、中絶してしまいました」と懺悔《ざんげ》する人もいます。

「中絶した子が男の子だったか女の子だったか分からないですけど、向こう〔天国〕では会えるんですよね。私は本当に悪いことしたけど、その子に会って『ごめんなさい』と詫びられると思うと嬉しい……」

この世では、どんなに詫びようと思ってもできません。でも、それができることが嬉しい、という人が多いのです。

「中絶した子に謝れますか?」と尋ねられることもあり、私は「もちろんです」と答えています。そして、次のように話して励ましています。

「家族が多くなって、天国は賑やかになるでしょうね。その子に、『ごめんなさいね、私がママなのよ』って自己紹介もできるじゃないの」

⑦重篤患者とその家族

がんや糖尿病などの重い病気や深刻なケガなどの、生命に関わる重篤患者やその家族の悲嘆も、公認されない悲嘆に入ることがあります。

いつ自分の病気が悪化・再発するか分からないという不安や、いつ自分のケガが致命傷になるかもしれないという恐怖を抱えた重篤患者の悲嘆は、とても大きいと思います。特に、「がんサバイバー」と呼ばれる人達は転移に対する恐れと不安に一生付きまとわれることがよくあります。また、様々な後遺症に苦しむ場合もあります。

しかし、一般に彼らはそれを外に向けて話そうとしない傾向があり、私達はその人がどんなに重い悲嘆状態なのか分からないのです。また、その家族も同様の人知れぬ不安や苦悩を抱えることがあります。

基本的に、健康な人間には健康を喪失した人間の悲嘆は分かりにくいという問題があります。

⑧高齢者とその家族

高齢者とその家族も、公認されない悲嘆者になることがあります。

高齢になれば、人は誰でも健康を失い、忘れっぽくなり、それまでできていたこともできなくなります。今後の下の世話や認知症などに、不安を抱くこともあります。

そうした老後の苦難は若い世代の理解を得にくいため、時に被害妄想に陥ったり癇癪《かんしゃく》を起こしたりして、さらに周囲に煙たがられることもあります。そのため、高齢者と家族の間では介護を巡って軋轢《あつれき》が起こることもよくあります。しかし、彼らはそれを公言したがらないのでやはり公認されない悲嘆を抱えるのです。

⑨認知症患者とその家族

認知症患者とその家族も、公認されない悲嘆を抱えることがあります。

私は今年で八六歳になりますが、幸いなことにあまり年を取った自覚がありません。ただ、私は修道院で認知症の人と一緒に生活しています。その人と話していると、この人がどこまで分かっているのか、あるいは分からないのかが分かりません。その人は私と話をしながら、何か問題が生じていることは分かっている様子です。しかし、本人もそれが何なのかうまく外部に伝えることができないようです。

これまでできていたことができなくなり、身の回りの状況も変化し、自分でも何かおかしいと思う……。そうした認知症患者はとても辛い心境のはずですが、やはりその本人や家族の悲嘆を他者は共有しにくいため、これも公認されない悲嘆の一つです。

⑩ 障害者とその家族

身体や精神に障害のある人やその家族の悲嘆も、公に認知されにくい悲嘆です。

健常者にとっては簡単でも、障害者にとってはそうでないことがたくさんあります。その不便さや不自由さに加え、社会に理解がないためにその苦労を見過ごされたり、さらには差別や偏見を被ったりする問題もあります。障害者の家族もまた、同様の苦悩を抱えがちです。

例えば、目が見えない、耳が聞こえない、体が動かないなどの身体的困難や、言いたいことを言葉にできないなどの精神的困難を少し考えるだけでも、そこには想像を絶する苦しみや悲しみがあると思います。そうしたハンディキャップがありつつ日々生活している人達や、彼らを支えている家族の努力や忍耐は、相当なものだと思います。だからこそ、私達はその悲嘆をよく分かっていたいと思います。

ここでも、健常者には健常ではない人の悲嘆は分かりにくいことに気を付けなければなりません。

⑪ 事件や事故を起こした企業

事件や事故を起こした企業の悲嘆も、公認されない悲嘆です。

一般に、私達は被害者に対しての同情はあっても、加害者に対する思いやりはありません。私は、ＪＲ西日本の福知山線脱線事故の際に、被害者と加害者の両方のケアに携わって初めて、加害者側の悲嘆を理解することができました。

この時、ＪＲ西日本では、その事故に対する直接の責任はなく、事故とは関係ない部署で働いていた場合でさえ、大勢の社員達が後悔や罪悪感に苦しんでいました。また、社員全体に対して世間から様々な強い風当たりもありました。さらに、社員が世間から責められるのみならず、時には社員の子供がいじめの対象になったり、社員の家に投石されたりする事態まで起きていました。しかし、社会の関心は事故の被害者側にのみ向いていて、彼らの苦境は一般にはあまり注目されていませんでした。

第一に考えるべき被害者や遺族の前では、社員やその家族の公認されない悲嘆についてなかなか話せるものではありません。それでも、事故を起こした企業の側にも悲嘆があること、それが大きな会社ならば会社全体の悲嘆となることも、私達はきちんと分かっておきたいと思います。

⑫不倫者

不倫者の悲嘆も、公に認知されません。しかし、実は不倫をしている人の心の中には、不倫をしていることへの苦しみ、自分や相手の家族を裏切っているという罪悪感があります。

私は不倫中の人の相談も受けますが、説教はおろか「やめなさい」とも言いません。すると、「どうしてそういう悪い人の話を聞くんですか?」「どうしてお説教しなかったんですか?」などと尋ねられることがあります。

私は、次のように答えます。

「私は、裁判官ではありません。私は、裁きません」

彼らは、自分で自分を裁きます。私が裁くことではありません。もし私が「それはダメよ、やめなさい」などと言えば、その人は二度と私の前に現れなくなり、不倫の状況はますます続いていくだけでしょう。

その人達は、悪いことをしていると自分で分かっているから、私に相談に来るのです。別の言葉で言えば、良心の告白、懺悔のためです。

私は、「お辛いのよね」と慰めます。すると、「もう諦めました」という人も出てきます。自分がしているのはやはり悪いことだと気が付いて、そういう関係を絶つ人の方が多いのです。

「カトリックのシスターでありながら、そういう不倫を肯定するのですか？」と言われたこともあります。

もちろん、不倫を肯定するのではありません。その人の悲しみを丸ごと肯定的に受け止めるのが、私の役割だと思っています。ジャッジ、つまり裁いたり評価したり批判したり否定したりすることではありません。

「そういうことをするから、ますます不倫を続ける人もいる。その方の奥様とかご主人がどんなに苦しまれるか分かりますか？」

このようなお叱りを、受けることもあります。

「私にどれだけお説教されても結構ですよ。でもね、他の方にはお説教しない方が良いですよ。そういう倫理的なことで裁いたりお説教したりするのは、愛情が無いからなのよ。愛情が有ったなら、『お辛いわね』と言えば、相手がその中に含まれている言葉の内容が分かるはずよ。『あなたが悲しんでいるのは、あなたがしている悪さのためよね』。それが、お互いに持っている信頼関係、あるいはその方の良心というものです。その方の感受性が、きちんと受け止めてくれます。そうしたら、『こんなことを続けたらいけない』というのは、その人も自ずと分かるのです。それが分からない方なら、どうして見るからに修道女の身なりをした私のところに話しに来られるの？」

私は、そう信じています。ですから、私は喜んで話を伺います。でも、そういう人達の悲しみがどういうものであるかは誰も知りません。だから、それは公認されない悲嘆なのです。

中には、「不倫をして何が悪い」「人に知られなかったら何をしても良い」という人もいるでしょう。そういう人達は、まだ悲しんでも苦しんでもいないと思います。罪悪感も無いでしょう。もしかしたら、自分の良心を隠しているのかもしれませんが、今はまだ悲嘆者ではありません。ですから、人に相談する気持ちも無いと思います。

ただこの場合も、罪の意識に目覚め始めると、それと共に公認されない悲嘆者になっていきます。また、その時は不倫に何も感じなくても、終末期になると、それが心の痛み、魂の痛みとして走馬灯のように現れてきます。「あの時、自分はなんと悪いことをしてしまったのだろうか……！」という良心の呵責です。私は、それを未解決な罪悪感の表出と考えています。

⑬ 不倫相手と別れた人

さらに、不倫相手との別れ、例えば遠方への転勤や死別などは、誰にも知られずよりいっそう孤独の内に苦しまなければならない悲嘆です。こういう公認されない悲嘆も、なかなか辛いと思います。

私がこれを強調するのは、このことが原因で自死未遂に至った人がいるからです。

精神科の医師から「病気ではないから話をよく聴いてあげて欲しい」と、ある女性を紹介されました。彼女は、不倫中からその禁断の関係を誰にも言えず、孤独を感じて仕方なかったところ、その不倫相手が急に死んでしまったのだそうです。

「誰にも、何も話すことができない。もう、自分が分かんなくなって飛び込んでしまったんです」

「お辛かったのよね……」

すると、こんな返事が返ってきました。

「ああ、その言葉が欲しかった……」

その後、私は精神科の医師と電話で話しました。

「髙木先生、お叱りにならなかったそうですね」

「私は、叱るような立場でもありませんから……」
「髙木先生に会って元気になりました、と彼女は言っていましたよ」
辛い時に、「悪いことをしましたね」ではなく、一人でも良いから誰かが本当に心から「お疲れさま」「ご苦労さま」、そして「お辛いわね……」と言葉を掛ける。それが、相手に対する本当の思いやりや気づかいだと思います。

他にも、不倫の末に「別れよう」と告げられ、「ここまで自分を信じさせて……」とどうしても納得がいかずに自死未遂に至った人の話も聞きました。

いずれも、誰にも言えずに自死未遂に至るまで苦しんだ、公認されない悲嘆です。私達は、こうした人知れぬ悲しみについても分かっていたいと思います。

⑭ 大衆偶像

俳優やコメディアンなどの芸能人、あるいは世間によく知られた有名人の自死のニュースを聞くことがあります。これも、公認されない悲嘆だと思います。

いつも明るく人々を励ますような人であればあるほど、その内面の孤独と疲労は想像を絶すると思います。人一倍前向きで快活な振る舞いを求められる社会的なプレッシャーで、自分の悲しみは外に出せません。それに耐えながら人知れず悲嘆がたまっていったことが、最悪の結果をもたらしたのではないかと思います。

⑮ 失恋者

失恋も、公認されない悲嘆です。多くの場合、失恋も他人には語られません。

ある男性には、三〇年以上克服できない失恋の痛手があったといいます。彼は「男が失恋の苦しみなんて人には話せない」と、それまで誰にも話したことがなかったそうです。

　本人が言うには、彼は人一倍プライドが高く、警戒心の強い性格とのこと。そしてその失恋は、彼の自尊心の最も根幹に触れていて、決して誰にも踏み込ませてはならない心の一番もろい領域だったそうです。社会的にはそれなりの地位の人でしたが、それでも一日としてその失恋の苦痛が消えたことはなかったといいます。

　その男性は、仕事で知り合った人でした。ある日、彼は私と修道院での打ち合わせが終わって一度帰った後、しばらくして再び戻ってきました。これまで何度か私のグリーフケアの話を聞いている内に、この人になら自分の失恋の苦しみを自分が傷付かない形で受け止めてもらえるのではないかと思ったそうです。そう思った途端、どうしても話を聞いてもらいたくなり急いで引き返してきたのだそうです。

「髙木先生に『お辛かったのね。でも、そんなの気にしなくて良いわよ。あなたは、あなたよ』と言ってもらって、本当にとても嬉しいです。聞いてもらって、ものすごく心が軽くなりました」

　彼にとっては、高校生の頃に母親と死別した半年後の失恋だったようです。「母親が死んだこと以上に、その失恋の方が辛かった」と話していました。

　また、自死遺族のための遺族会「わすれな草の会」には、失恋で自死した男性の家族の参加がよくあります。「子供が失恋で自殺してしまった」と嘆く両親にとっては、「どうして失恋くらいで自殺するのか」が大きな疑問です。

　私は、次のように話します。

「それは、自分の人格を全否定された、もう生きていられない、という思いだったのではないでしょうか」

　失恋の辛さは、男性でも女性でも同じだと思いますが、強くあらねばならないと思っている分、男性の方が公認されない悲嘆の度合いが強いのかもしれません。

　実は、失恋で一番辛いのは、「他に好きな人がいるんです」と言われることのようです。言った側としては、相手を傷付けないための精一杯の気づかいだと思いますが、言われた相手にとっては、その恋敵よりも絶対に劣っているというコンプレックスや、自分の価値を全否定されたという絶望を、生涯持ち続けることになります。もちろん、それらは無意味な苦悩と思い込みですが、それでも誰か自分の信頼する人から直接打ち消してもらわなければ自分自身では拭い去ることができないようです。

一方、失恋も周囲がよく知ることになると、もはや公認されない悲嘆ではなくなります。例えば、第2章で紹介した七年間交際した末に裏切られた女性のケースは、社内で大騒ぎを起こして警察沙汰にまでなり、社内の誰もが知る事態になりました（38頁参照）。ですから、この場合は公認された悲嘆になると思います。

人間は誰でも、自分自身を完全には分からないし、どんな相手とも完全に理解し合うことはできません。ですから、私達は相手がどんな悲嘆を抱えているのかもなかなか分かりません。その意味で、全ての人間はまず公認されない悲嘆者だと思います。

実は、私も若い頃から「どういう悲しみがあるのですか?」とよく聞かれました。そのくらい髙木慶子の存在は、いつも楽しく幸せで、呑気に神様に向かって歩いているように見えるのでしょう。でももちろん、私には私の悲しみや苦しみがあります。けれども、それを全て理解する必要はありません。

人間は、神秘なのです。だから、良いのだと思います。

2　曖昧な悲嘆とは何か

明確な喪失ではなく、不明確な喪失の状態にある人達を「曖昧な悲嘆者」と言い、その悲嘆を「曖昧な悲嘆」と呼びます。

①失踪者の家族

生きているのか死んでいるのか分からない、その行方不明の人の家族の悲嘆が、「曖昧な悲嘆」の一番分かりやすい例だと思います。

失踪者とは、存在はしているけれども行方が分からない人のことです。例えば、中学生や高校生の子供が家出してしまった、あるいは夫婦のどちらかが家を出てしまって、いずれも生きてはいるらしいけれども連絡が取れないというケースです。こうした場合に、残された家族が感じるのが「曖昧な悲嘆」です。

こうした曖昧な悲嘆者は、周囲の人達も接し方に迷い、共に語り合うこともできないため、人知れず孤独感が募るという問題があります。

②天災・人災の被害者の家族

また、様々な災害で、例えば東日本大震災で生死が分からず行方不明になっている人の家族は、曖昧な悲嘆者と言えます。

他にも、生死が分からず行方不明者になる原因には、未解決の事件や子供の誘拐などがあります。

二〇一九（令和元）年に、山梨キャンプ場女児失踪事件がありました。テレビなどに登場したその女の子の母親は、私達の目の前に現れた曖昧な悲嘆者の姿そのものだと思います。その母親は「どこかに子供が連れ去られて軟禁されている。それだけでも良いんです」と話していましたが、それが悲しい本心だろうと思います。

③人間関係に疑いを持つ人

人間関係において様々な疑念を持つ人も、曖昧な悲嘆者と言えます。例えば、夫が不倫をしているかもしれないなどという疑惑です。

また、ある大きな会社の監事をしていた人から、「二年間、とても苦しみました」と聞いたことがあります。会計がルーズで、大きなお金の不審な動きがあったそうです。けれども、彼は周囲の手前それを指摘できずに苦しんでいました。それが二年後、社員の使い込みだったと判明しました。

「自分は、そのお金がどこにどうなっているのか分からないままでは他の人には言えませんでした。だから、個人としてはものすごく曖昧な毎日を過ごしました」という話でした。

これも、曖昧な悲嘆です。周囲に良いように見せたいがゆえに、自分自身の本心を隠さなければならなかったということです。

④認知症患者・精神障害者とその家族

私は認知症の人と同居していますが、認知症は本人をすごく不安な気持ちにさせると思います。そして、認知症の人と生活を共にしていると、私の方も「この人は私を髙木慶子だと認識しているのかしら……」と、とても不安定な気持ちになります。

ある人が、認知症の症状が進んだ母親を施設に預けていました。新型コロナウイルス感染症の影響で、対面ではなく窓越しの面会です。すると、「あなたはだあれ?」から話が始まります。

「お父さんを連れて来てちょうだい」

「父は亡くなってもういないよ」

「あなたのお父さんじゃないの。私のパパ、連れて来てよ」

そういう言葉が、返ってくるそうです。

「本当に、悲しくて悲しくて……。母の身体はそこにあるけど、私の本当の母はいなくなってしまった。そう思うと、悲しみが体中を動き回るんですよ……」

最近までバリバリ働いていた人でも、認知症になると物事が分からなくなります。自分の配偶者も、自分の子供も分からない。そうした認知症患者が今心の中でどういう世界に住んでいるのか、他人にも分かりません。

また同様に、精神障害者の心的世界も、本人にも他人にも分かりにくいところがあります。

認知症や精神障害では、そうした曖昧な状況の中にいる本人も、それを見守らなければならない家族も、とても大きな苦難を抱えていると思います。

⑤重篤患者とその家族

例えば、重病や大ケガで植物状態になった人の家族は、その人が回復するのかしないのか分からず、毎日が不安です。

また重症の場合、もし医師に「もしかしたら回復するかもしれない」と言われたら、たとえその可能性は少ない場合でも、患者本人は「元気になりたい」、家族も「元気になって欲しい」と、希望を持ち続けます。その希望と共に、不安もずっと付きまといます。これも、曖昧な悲嘆です。

⑥目標に挑戦している人

何かの目標に挑戦している人達も、曖昧な悲嘆者と言えます。

例えば、受験です。結果が出るまでの間、受験生もその家族も曖昧な悲嘆を抱えていると思います。

受験生は誰でも、合格に向けて一生懸命努力します。しかし、どんなに努力しても、実際に合格できるかどうかは結果が出るまで誰にも分かりません。模擬試験などの結果が合格圏内に入っていたとしても、落ちることもあります。そこに不安があります。言わば、希望と不安が半々の状態です。これもまた、曖昧な悲嘆です。

合格すれば曖昧な悲嘆は解消しますが、不合格ならばその曖昧な悲嘆は続きます。いずれにしても、頑張る受験生を家族は心を尽くして応援して欲しいと思います。なお、成績・資格・就職・昇進などの各種の試験についても同じことが言えます。

スポーツなどの勝負事でも、同様のことが言えます。アスリートは、試合で結果を出すために努力を重ねています。それは、やりがいを感じつつも曖昧な悲嘆を抱えて頑張る姿と言えます。やはり、結果が出るまで曖昧な悲嘆は解消しません。

厳しいことに、自分が努力した結果がそのまま出るとは限らないのが勝負の世界です。特に、オリンピックのような大舞台では、メダルを期待されるプレッシャーなどもあります。華やかな世界ですが、その不安の中にずっといる人達の悲嘆は、私達が思う以上に大きいと思います。

ある意味で、人生は絶えず希望と不安が半々の状態であり、常に曖昧な悲嘆の連続です。そして、出た結果をきちんと受け止めないでいると、人は孤立したり病んだりします。つまり、分不相応なセルフイメージをいつまでも抱き続けていると生きにくくなってしまいます。それを避けるためには、自分の努力ではどうにもならない現実を知り、自分の能力の限界を受け入れることです。

そうやって、諦めるのではなく、認めたり許したり納得したりすることで、私達は生きていくのです。

3　悲嘆を生き抜く力

私達人間は、不完全です。全てを理解することもできなければ、説明することもできません。自分自身でも自分の心の中で何が起こっているのか完全には分からないし、相手がどういう体験をして、それがどのようにその人の感情や思考に食い込んでいるのかは、たとえ親でも分かりません。

だから、私は常に分からないことを前提に、「ごめんなさいね。でも、私なりの体験と想像力を生かしてあなたを理解したいと思っているのよ」と言ってケアに臨んでいます。「分かった」などという言葉は、絶対に使えません。何があっても私に全ては分からない、それが私のケアマインドです。

親は子供のことを分かっているつもりだから、ますます分からないと思います。あまりにも近くて、全体が見えないのです。絵画でも彫刻でも、近過ぎると一部分しか見えません。全体を見るためには、距離が必要です。親と子供はあまりにも近過ぎるから、ある程度の距離が必要なのです。

逆に、結婚は互いにすごく近付かなければできません。だから、結婚前は互いに見えにくく、結婚生活を始めてから問題に気付くこともあるのです。

ケアの現場では、この距離感がとても大事だと思います。人間を理解するためには、距離が遠過ぎても近過ぎてもいけません。ですから、ほどほどの距離感を全ての人に保つことがとても大切だと思っています。

人間そのものが複雑で神秘ですから、人間関係も複雑で神秘であり、理解するのはとても難しいものです。お互いに分からない者同士ですから、私達は常に公認されない悲嘆や曖昧な悲嘆の中で毎日を過ごしているのかもしれません。それでも私は、それゆえに明日を生きる力も湧いてくるのだと思います。

例えば、涼しくなって欲しいのにいつまでも暑いなど、自分の思い通りにならず意に沿わない毎日を過ごしていても、私達には「暑さに負けないぞ」という内なる生きる力、活力も湧いてきます。それを、忘れないで欲しいと思います。私達は、レジリエンス〔しなやかさ・回復力・困難に打ち克つ力〕を自らの内に秘めていることに気付いて欲しいと思います。

公認されない悲嘆状態にある人も、曖昧な悲嘆状態にある人も、私達はそれを生き抜く力も持っているということだけは、相互に理解しておきたいと思います。

第5章　スピリチュアルケアとは何か

髙木　慶子

1　スピリチュアルケアとは何か

私は、三六年間グリーフケアやターミナルケアに携わる中で、全てのケアの基礎はスピリチュアルケアである、という結論に辿り着きました。それでは、スピリチュアルケアとは一体どのようなものでしょうか？

スピリチュアルケアについて説明するためには、私が日本スピリチュアルケア学会を創設した理念から始めるのが一番です。なぜなら、私のスピリチュアルケアについての考えは当時から現在まで一貫しているからです。

私が日本スピリチュアルケア学会創設のために動き始めたのは、二〇〇三（平成一五）年のことです。その創設の理念は、現代日本社会がもっと精神性の高い良心的で思いやりと安らぎに満ちた社会になって欲しい、ということでした。

人が精神性を高めるためには、まず自らのスピリチュアルペイン、つまり魂の苦しみや良心の痛みに気付くことが大事です。ただその際、「精神的」や「魂的」や「霊的」などの用語を用いれば抵抗感を持つ人が多いと思います。そこで、私は「スピリチュアル（spiritual）」という言葉なら多くの人に受け入れてもらえるのではないかと考えました。私が「悲嘆」の代わりに「グリーフ」という言葉を使い始めた時もそうでしたが、カタカナは語感が柔らかく人々が受け入れやすいという利点があるからです。

折しも、二〇〇三（平成一五）年頃、世間では「スピリチュアル」という言葉が流行語になっていました。ただ当時のそれは、オカルト的あるいは異常にカリスマティックな意味で使われていました。

これに対し、私は名詞の「スピリチュアリティ（spirituality）」及び形容詞の「スピリチュアル（スピリチュアリティ的）」を、そのような特殊な超能力とは捉えていませんでした。私達は、スピリチュアリティをもっと誰もが普遍的・根源的・日常的に持っていると考えることができますし、それゆえにいつでもどこでも誰に対してもスピリチュアルケアを適用することができます。これが、当時も今も変わらない私の信念です。

そこで、真の「スピリチュアル」は決していかがわしいものではないと広く人々に伝えたいからこそ、敢えて当時あやふやに流行していた「スピリチュアル」という言葉を選んだという事情もありました。

何よりもまず、前年の二〇〇二（平成一四）年には、WHOが一九九〇（平成二）年の「緩和ケア」の定義を改定して、緩和ケアにおいて取り組むべき課題として、改めて身体的、心理的、社会的、そしてスピリチュアルな問題に言及していました。そうした「スピリチュアル」の理解の国際水準に、日本も早く追い付くことが急務であると感じていました。

これに加えて、ただ単に「スピリチュアリティ」を机上で理論的に研究するだけではなく、実際に苦しんでいる人達への臨床での「ケア」実践が重要だと考えていました。だからこそ、設立しようとする学会名を「日本スピリチュアリティ学会」ではなく「日本スピリチュアルケア学会」にした経緯があります。そして、そのスピリチュアルケアの実践者の社会的信頼性を学会として保証するために、「スピリチュアルケア師」という資格制度を整備したのです。

それでは、まずスピリチュアリティとスピリチュアルケアの関係について見ていきましょう。

①スピリチュアリティ

スピリチュアリティとは何か。実は、これはとても難しい言葉です。確定した日本語訳がなく、日本では一人ひとり定義が違うからです。

しかし、キリスト教の世界では、スピリチュアリティの定義は簡単です。それは神との関係、要するに霊性です。キリスト教の信仰を持つ人の間で、スピリチュアリティという言葉は常にこの意味で使われています。

その上で、私はスピリチュアリティを、全ての人が持っているある普遍的で根源的な能力だと考えます。つまり、この世を超えた次元の神聖な存在、分かりやすく言えば神様や仏様、私の好む表現で言えば、人智を超えた「大いなるもの《サムシング・グレート》」(something great)を信じる力です。これは、「宗教心」と言えるかもしれませんが、本質的には宗教以前に私達の誰もが持っている能力であり、私はそれを「信仰心」と表現しています。

ここでいう人智を超えた大いなるもの《サムシング・グレート》とは、その人自身にとってのこの世を超えた次元の神聖な存在というところがポイントです。ですから、何か特定の宗教や教義に限定されるものではありません。

また、スピリチュアリティとは、そうした大いなるもの《サムシング・グレート》の慈悲や慈愛を感じ取る能力とも言えます。さらに、そうした大いなるもの《サムシング・グレート》の慈悲や慈愛が、必ず私達を幸せに導いたり幸福な世界に迎え入れたりしてくださると信じる心もまた、スピリチュアリティであると考えます。

そして、そうした大いなるもの《サムシング・グレート》がいつも私達を見守っていて、それに照らして自分の思いや振舞いが良いことか悪いことかを感じ取る感性、これもスピリチュアリティであると考えます。この意味では、スピリチュアリティは「良心」と訳すこともできますし、場合によってはより宗教的なニュアンスを込めて「魂」や「霊魂」などと表現することもできると思います。

例えば、かつては年配者から「誰も見ていなくてもお天道様が見ていますよ」という言葉を聞くことがあったと思います。この「お天道様」も、人智を超えた大いなるもの《サムシング・グレート》と言えます。「お天道様」のようにこの世を超えた次元の神聖な存在が、いつも私達を慈悲深く慈愛に満ちて見守っていて、私達はそれに恥じるような心持ちや行動をしてはいけないと思う心、これがスピリチュアリティなのです。

　これらの意味で、私は全ての人が物心付いた時からスピリチュアリティを持っていると考えています。そして、こうした信仰心や良心としてのスピリチュアリティを生かすのが、スピリチュアルケアです。

　次の事例で、考えてみましょう。

　ある男性のターミナルケアを依頼された時、彼は胃ガンのステージⅣで余命三か月でした。本人には、胃潰瘍と伝えられていたそうです。しかし、手術後もなかなか体力が戻らないので、その男性も疑念を抱き始めていた頃でした。

　その男性は、とても頑固で傍若無人な人生を送ってきた人のようでした。看護師長によれば、「家族の皆さんもどのように接して良いのか分からないほど我がままで、二人のご子息も手を焼いていますので……」と、私への依頼になったそうです。

　ケアの初日、私はその男性に無視され、ベッドサイドの彼の妻との会話で終わりました。しかし、何回か訪ねていく内に男性とも話ができるようになり、次第に信頼関係ができていきました。

　亡くなる二週間前に、彼からこんな話が聞けました。

「俺は、人間として決してしてはならないことを一杯してしまった。死んだ後は天国どころか、地獄しか行けない。でも、地獄には行きとうない。死にとうない。ウーン、ウーン……」

　その言葉の繰り返しに、彼の死への強い恐怖心が伝わってきます。

「大丈夫ですよ。天国には行けない、地獄には行きたくない。だったら、『中獄』に行くのはどうですか」

「ああ、チャイナには行きたくないが、その『中獄』とやらに行きたい……」

　その男性の表情が和らいだので、私も家族もホッとしました。私は、彼に伝えました。

「亡くなったら、あなたの行きたいところに行けるんですよ。あなたがこういう世界に行きたいなと思う世界に入れるんですよ」

次の週に私が訪ねると、男性はすぐに「髙木先生、俺が行きたいところが分かったよ」と話し始めました。

「お袋の胸の中に帰りたい。そこが一番温かくて、心配のない安心できるところだ……」

「オヤジ、今お袋って言ったのか？」

横にいて、それまで予想もしていなかった「お袋」というしおらしい言葉に驚いた長男が聞き直しました。男性は、無言でした。しかし、その言葉を聞いて、私は胸が一杯になり、嬉し涙が溢れてきました。そんな私への彼なりの気づかいだったのかもしれませんが、男性が付け加えました。

「お袋は、良い人だった。だから、仏さんのところにいると思う。髙木先生、そう思って良いかね？」

「当然よ。そこが、一番良いところよね。そこに入れる。良かったわね……」

「ありがとうございました」

その時、男性は涙を流していました。

その三日後に、彼は意識が無くなったそうです。遺族にとっては、これが最期の別れの言葉となり、今でも慰めの思い出となっているようです。この時、男性は六一歳でした。

遺族だけでなく、担当医も「最期がどのように荒れるのかと心配でした。あのような安らかな最期を迎えられて、幸せでしたね……」と、男性の死を悼みながらも安堵する様子でした。こういう時に、スピリチュアルケアに携わる人間として心からの喜びを感じます。

このように、多くの人は亡くなる前に罪の意識から良心に目覚めます。そして、多くの人はこの世とは次元の異なる神聖で幸福な次の世界に導かれると信じることで気持ちが安らぎます。つまり、そうした人間の普遍的で根源的な能力である信仰心や良心としてのスピリチュアリティを生かすのが、スピリチュアルケアです。それにより、私達は死の悲しみや辛さが随分楽になると思います。

②スピリチュアルペイン

近代ホスピス運動の創始者シシリー・ソンダースは、「治療困難な悪性疾患の症状治療」（一九六四年）で、終末期患者の抱える全人的苦痛（トータルペイン）として、身体的、精神的、社会的、スピリチュアルという四つの要素を挙げました[1]。

また、その影響を受けてWHOは、一九九〇（平成二）年に終末期患者の「緩和ケア」について定義し、二〇〇二（平成一四）年にそれを改定する中で、患者の苦しみを和らげるためには、身体的、心理的、社会的、スピリチュアルな問題に取り組まなければならないと改めて述べました。

こうした「スピリチュアルペイン」の問題については、既に色々な人達によって様々な図解が紹介されていますが、私自身は図1のように考えています。

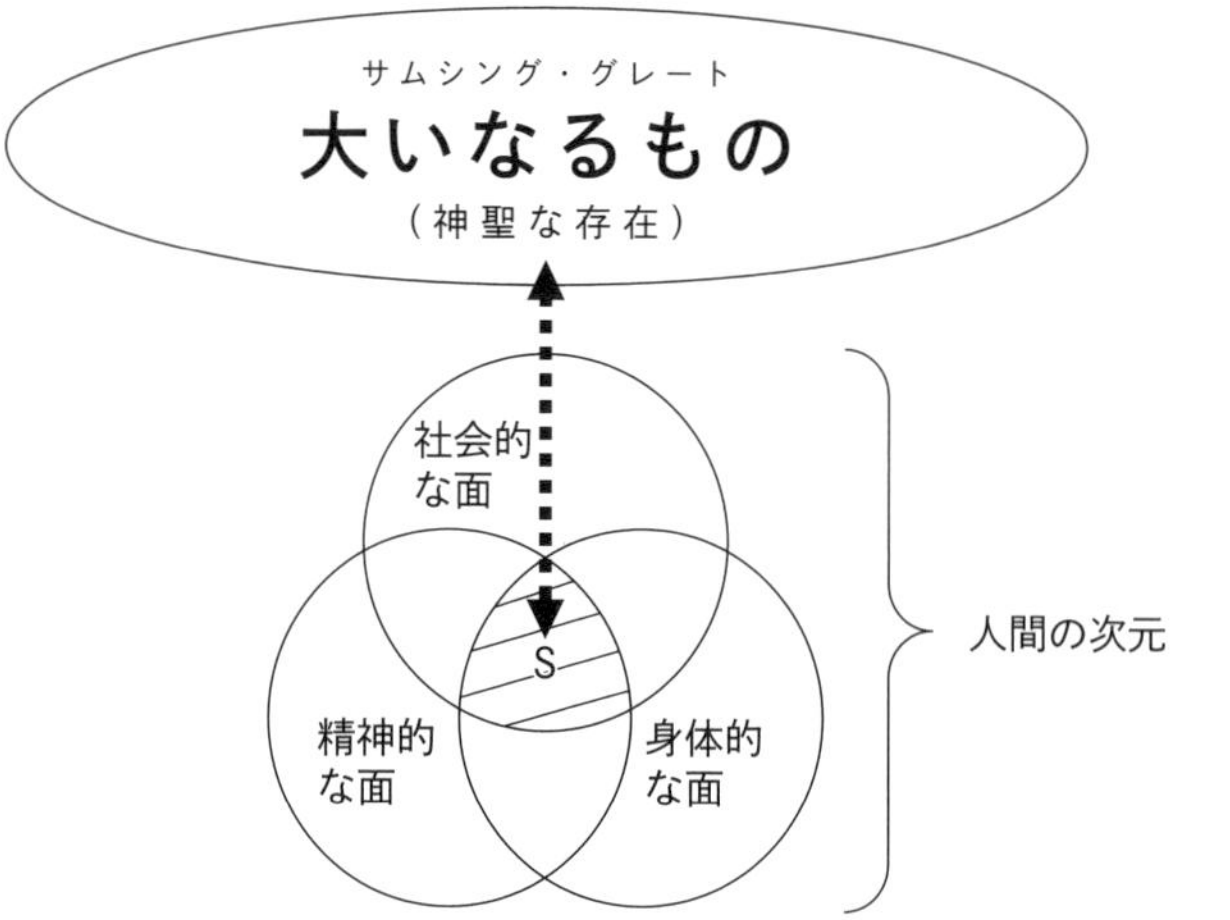

【斜線部分】
スピリチュアルな面
（ここに、良心の痛み・罪意識・罪悪感・良心の呵責・良心の咎め・後ろめたさや、信仰心の痛み・不条理に対する苦悩などのスピリチュアルペインが生じる）
↑
S：スピリチュアリティ
（魂・霊魂・霊性・信仰心・良心・本当の自分・人間の核・人格の中心・生命《いのち》など）

図1　スピリチュアルペインの構造

人間の次元には、まず精神的な面、身体的な面、社会的な面の三つがあります。これら全てに関わる部分が、スピリチュアルな面です。その根本は、図中の「S」、つまり人間の核としてのスピリチュアリティ、すなわち人智を超えた大いなるもの《サムシング・グレート》を感じ取る能力です。

また、精神的なペインは思考や感情による苦しみ、身体的なペインは肉体による苦しみ、社会的なペインは人間関係による苦しみです。そして、スピリチュアルペインは、これら全てに関わるスピリチュアルな面における苦痛であり、スピリチュアリティに基づく苦しみです。

私は、先にスピリチュアリティを「全ての人が持っているある普遍的で根源的な能力」と述べましたが、その意味でスピリチュアルペインも全ての人が持つと言えます。その最も分かりやすい例が、良心の痛み、罪意識、罪悪感、良心の呵責、良心の咎め、後ろめたさなどです。

私は、多くの人達に自らのこうしたスピリチュアルペインに気付いて欲しいと思っています。なぜなら、スピリチュアルペインが未解決なままだと、自分が日々の生活を心安らかに送れず、特に終末期に苦しむからです。また、人は自らこうしたスピリチュアルペインを感じなければ、相手に対する思いやりや気づかいや優しさや親切心が出てきません。その場合、人をいじめることも、人に暴力を振るうことも、人を苦しめることも、いずれも平気です。それは、とても怖いことだと思います。

人は、こうした良心の痛みとしてのスピリチュアルペインを、自らの具体的な悪い行いに対してだけではなく、悪い心に対しても抱きます。

例えば、私は自分の心の内にある誰かを軽蔑したり差別したりしてしまう弱さにスピリチュアルペインを感じます。つまり、自分が誰かに具体的に何か悪いことをした時はもちろん、自分が誰かに心の中で何か失礼な思いを抱いてしまった時にも、私はスピリチュアルペインを感じるのです。

言い換えれば、それは自分が大いなるもの《サムシング・グレート》に胸を張って顔向けできない部分です。自分の心の内のことですから、誰も見てはいません。けれども、自分を見守っている大いなるもの《サムシング・グレート》には「こんな悪い心でごめんなさい」と正直に白状しなければなりません。

ですから私は、具体的な悪い行いに対してはもちろん、自らの心の内で罪悪感や良心の呵責を覚えるものは全てスピリチュアルペインになると思っています。だからこそ、誰も見ていなくても、自分の良心あるいは魂をきめ細やかに清めていかなければなりません。ましてや、人に対する具体的な悪い行い、例えば暴力、いじめ、悪口などは、目に見える形の悪行ですから、してはならないのは言うまでもありません。

良心や魂を清めるとは、素直に「ごめんなさい」や「ありがとう」が言えるようになることです。すなわち、その人の良心や魂が清らかであればあるほど、自分がしたことに対して「ごめんなさい」、あるいは自分がしてもらったことに対して「ありがとう」という言葉が素直に出てくるのではないかと思います。

ところで、先述のシシリー・ソンダースの全人的苦痛の定義やＷＨＯの緩和ケアの定義では、主に終末期患者に関してスピリチュアルな問題が注目されていました。また多くの研究者も、スピリチュアルペインを「終末期特有の苦痛」と説明しがちです。

確かに、人は終末期に良心の痛みとしてのスピリチュアルペインにとても苦しみます。しかし、それは「あれも悪かった。これも悪かった。あんな悪いことをすべきではなかった……！」と、その人の生涯の中で未解決な罪悪感や良心の呵責が、終末期になればなるほど走馬灯のようにどんどん思い出され込み上げてくるからです。

「自分が上司になった時、部下をメチャクチャに罵倒したことがある。あれは、本当に注意しなければならないことは何も言わず、ただ感情に任せて怒りをぶつけただけだった。本当に申し訳なかった……！」

ターミナルケアの現場でこういう話を聞くことは、よくあります。この罪悪感や良心の呵責が正にスピリチュアルペインなのですが、実はそれは終末期よりずっと前の健康な時から抱いていたはずのものです。

この場合、この上司の罪悪感や良心の呵責は、それに気付いた時にすぐに部下に心から謝罪していれば解決していたと思います。しかし、それをせずにいつまでも持ち越しているから、終末期にどんどん大きくなるのです。

さらに、人は自分が悪いことをしても誰か他人に責任転嫁しがちで、そのために良心の痛みが鈍りやすいという問題があります。この場合、その罪悪感や良心の呵責は次第に忘れられる傾向があります。

人が終末期に強く苦しむのは、未来を失い心が現在から過去に向くことで、一つは自分の人生の中で忘れたり放置したりしていた罪悪感や良心の呵責に改めて向き合わざるを得なくなるからです。それが終末期に顕著に増大して出てくるので、スピリチュアルペインはよく「終末期特有の苦痛」と誤解されるのです。しかし、実際にはスピリチュアルペインは誰でも幼い時から大なり小なり持っているのです。

終末期は、残された時間が限られています。ですから、そうした未解決な良心の痛みとしてのスピリチュアルペインを解消する時間が無いこともよくあります。しかし、終末期より前ならば、そうした未解決なスピリチュアルペインを解消できる時間的な余裕も可能性も大きく有ります。罪悪感や良心の呵責を覚えた時に、できるだけ早く解決の努力をすることをお勧めします。

解決とは、自分が悪かったと思えばすぐに謝ることです。あるいは、嬉しいことをしてもらったらすぐに感謝することです。そうすれば、いつも良心の痛みなく気持ち良く穏やかに生きることができ、心安らかな終末期を迎えることができるでしょう。また、その方が周囲の人達を苦しめることも少ないはずです。

こんなケースが、ありました。

私がターミナルケアをしていたある男性には、亡くなる前にどうしても会って謝りたい女性がいました。四〇年前、大学生の頃に結婚を約束していた女性です。実は、子供もできていましたが、男性側の親の反対で結婚できず、結局彼はその女性や子供と別れてしまいました。その女性は、生まれた男の子を一人で育てたそうです。

「どうしても、彼女に赦してもらいたい。赦してもらえない限り、死ぬに死ねない。苦しい。とても苦しい。どうか、彼女に会わせてください……」

私が、それを依頼されました。ところが、初めてその女性に会いに行った時、「私の悲しみや苦しみが、あなたに分かってたまるもんですか！」と、私は彼女に弾き出されてしまいました。

それはそうでしょう。その男性に裏切られ、生まれた子供を女手一つで育てるのは大変な苦労だったと思います。それでも、私は彼女に粘り強く連絡を取り続け、ようやく男性と会ってもらえることになりました。決め手は、その一人息子の勧めだったそうです。男性も、その息子とは何度か会っていたのです。

「私としては絶対に赦せなかったのですが、息子にとってはこの世でただ一人の父親なんですね。どうしても会ってやって欲しいと、息子に土下座されてしまいました。そうなると、私の負けです」

彼女は、その息子に次のように言われたそうです。

「僕にとっては、父親は一人しかいないんだ。その一人の父親が亡くなる時にお母さんに会いたいと言うんなら、会ってくれえな……」

さらに、その女性は次のように語りました。

「私は、第三者からどれだけお願いされても、絶対に彼なんかには会いません。私の人生をここまで踏みにじった彼を、そんな簡単なことで赦すことはできません。それでも私が会いに行ったのは、息子が頼んだからです」

こうして、四〇年振りの再会が実現しました。

「すまなかった！」

病室で男性は、女性に両手を合わせて赦しを請いました。

「……私こそ、すみませんでした」

おそらく、女性にとっては自分でさえ思いがけない行動だったと思います。男性の傍に駆け寄り、手に手を取って、涙の和解の抱擁になりました。

その後、男性は今の妻や三人の子供達にもそのことを打ち明け、「今は何の秘密もありません」とホッとした様子でした。そして、その再会から一〇日後に亡くなりました。赦しを得られたことで、罪悪感や良心の呵責が解消され、平安な最期に結び付いたのだと思います。

ただし、これには後日談があります。

その男性のスピリチュアルペインが解消されたことは、本人にとっては良かったと思います。しかし、そのことで新たに周囲の人達が抱えることになった心の痛みは、やはり考えるべき問題です。

まず、たとえ和解したとしても、やはり四〇年間母子家庭で苦しんできた女性の心境は複雑です。人の心の傷は、そう簡単には癒されません。その男性は、彼女とその間の一人息子に財産分与したとのことでしたが、せめてもの慰めでしょうか。

また、今の妻の苦しみの問題があります。

実はこの時、私はその男性に「奥様には絶対に言っちゃダメよ」と念押ししていました。しかし、男性としては最後の最後で全て赦されたいという気持ちになったのでしょう。結局、妻にも全て話してしまったのです。

妻にとっては、これまで全く知らずに過ごしていただけに、そのショックはとても大きかったようです。「どうして私にずっと隠していたの」「ちゃんと結婚する前に言うべきことだったんじゃないんですか」と苦しみ、「髙木先生も髙木先生です！」と、私が叱られました。

「でも、結婚相手に選ばれたのはあなたなのよ。そのあなたに赦されたいと思って言われたことなんだから……」

「髙木先生は、結婚してないから分かんないのよ！」

妻としては、どうしても割り切れないものがあるのだと思います。

「こういう苦しみは、決して誰にももう二度と遭わせたくない。だから髙木先生、自分達のこの悲しみ、苦しみの物語を広く語っておいてください」

拙著『死と向き合う瞬間《とき》――ターミナル・ケアの現場から』（学習研究社・二〇〇一年）でこの話を紹介したのも、そうしたこの妻の意向を踏まえてのことでした。でも、それを読んだ彼女の感想ははるかに手厳しいものでした。

「私は、もっと苦しいんです。もっと苦しんだのに、このくらいの簡単なことではありません！」

「もう、あなたに叱られるの怖い……」

「髙木先生は、そのくらい苦しんだって平気でしょ！」

この妻の苦しみは、事実を打ち明けられてからもう二〇年以上経ちますが、今でもなかなか癒されないのです。できるだけ良心に反することはせず、良心が痛む時はできるだけ早く謝りましょう。そしてその時は、それが他人に新たな苦しみを与えないかどうか、細心の注意を払うべきです。

また終末期には、良心の痛みの他に、答えの無い問いもたくさん出てきます。それは、未来を失った心が現在や過去に固執するからです。

例えば、自分の結婚は不幸だった、でも色々な理由で離婚できなかった、それならなぜ自分は今の配偶者と結婚したのか……。さらに、なぜ自分は死ぬのか、死んだらどうなるのかなど、答えの無い問いが無数に出てきます。それらの答えの無い問い自体は、スピリチュアルペインではありません。ややこしいのですが、そうした答えの無い問いに自分では答えを見出せない苦悩が、スピリチュアルペインです。

ターミナルケアをしていてそうした答えの無い問いを投げかけられた時、私はまず次のように話します。

「そうですよね。それを答えの無いものとして受け止めることが、答えになるんですよね」

答えが無いのに、ああでもないこうでもないと理屈っぽく考えるとますますおかしくなり、この場合のスピリチュアルペインも強くなります。

そして、こうした答えの無い問いを受け止められない苦しみも、終末期のみならず一生を通じて悲嘆を感じるあらゆる時に抱くものです。それらは、天に見捨てられたと思う苦悩、要するに「神も仏もあるものか！」「オウ・

マイ・ゴッド!」という心の叫びや魂の悲鳴です。その意味で、こうした「信仰心の痛み」としてのスピリチュアルペインもまた、誰でも幼い時から大なり小なり持っていると言えます。

ただし、終末期には、最大の不条理である死に直面し、意識が現在と過去を堂々巡りして答えの無い問いがとめどなく大量に噴出することで、人はそれを受け止められずに非常に強く苦しむわけです。だから、この意味でのスピリチュアルペインもまた、終末期のみに現れる特殊な苦痛と誤解されることが多いです。

③スピリチュアルケア

それでは、こうしたスピリチュアルペインはどのようにケアすれば良いのでしょうか。ここで登場するのが、スピリチュアルケアです。

ケアには、「グリーフケア」や「ターミナルケア」など色々な名称が付いていますが、それらは対象による違いを指します。例えば、悲嘆者が対象なら「悲嘆ケア(=グリーフケア)」、終末期患者が対象なら「終末期ケア(=ターミナルケア)」と呼ばれます。

しかし究極的に、全てのケアの基礎はスピリチュアルケアです。あるいは、全ての悲嘆を癒す鍵がスピリチュアルケアである、と言っても良いでしょう(図2)。

これまで私が携わってきたのは、主にグリーフケアとターミナルケアです。

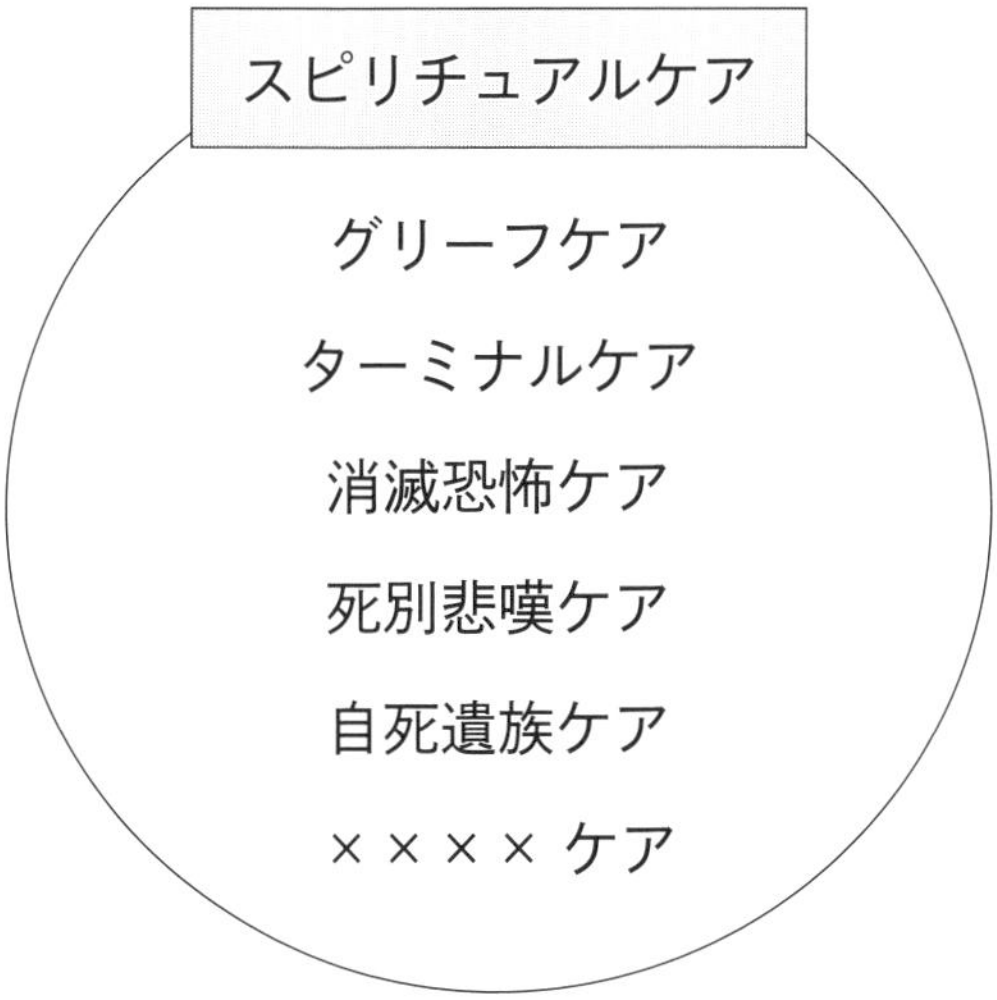

図2　全てのケアの基礎はスピリチュアルケアである

グリーフケアでは、個人的な対面相談と電話相談の他、原則毎月二回、自死遺族のための遺族会「わすれな草の会」と、その他の遺族のための遺族会「ゆりの会」を開催しています。この二つの遺族会は、それぞれ半日ずつ同日に行い、朝一〇時から夕方四時半までほぼ一日がかりです。

ターミナルケアは、原則的に毎週同じ曜日と時間に終末期の患者を訪問する形で実施しています。私の場合、一つの病院のチャプレン〔施設や組織で働く聖職者〕としてではなく、依頼された時に依頼された場所を訪問する形です。患者の容体によって五分程度の時もありますが、通常は約三〇分から四〇分の時間を掛けています。

私には、長年これらのケアに携わってきた臨床経験から得た一つの確信があります。それは、人を最も癒してくださるのは、人智を超えた大いなるもの《サムシング・グレート》であるということです。

例えば、良心の痛みについて考えてみましょう。

この場合、私達はたとえ自分が悪い心を持ったり悪い行いをしたりしても、大いなるもの《サムシング・グレート》の慈悲や慈愛を信じることで、悔い改めれば大いなるもの《サムシング・グレート》に必ず赦して受け入れてもらえるという自信を強く持つことができます。その自信のもとに、素直に謝罪や感謝の心で行動を改良していけば、きっと現実生活でも他人から愛され問題は改善していくはずです。

また、大いなるもの《サムシング・グレート》の慈悲や慈愛を信じ、相手に対する尊敬と信頼の心や忍耐力を得たケア者が、相手のその良心の告白を肯定的に受け止めるだけでも、きっとその相手の心は安らぐはずです。

さらに、答えの無い問いを受け止められない苦しみについて考えてみましょう。

この場合も、私達はたとえどれだけ不幸な経験をしても、大いなるもの《サムシング・グレート》の慈悲や慈愛を信じることで、この苦しみには必ず意味があるという信念を強く持つことができます。その信念のもとに、私達に足りないものが補われたことや、私達がこの世で果たすべき使命に気付きやすくなり、理不尽な苦難も受け入れやすくなるはずです。

何よりもまず、自分自身の良心に恥じるところがなければ、私達は大いなるもの《サムシング・グレート》にだけは常に必ず理解されていると感じて心が満たされると思います。

こうした信仰心や良心としてのスピリチュアリティを生かし、あらゆる日常的なスピリチュアルペインを和らげていくのが、スピリチュアルケアです。

また、大いなるもの《サムシング・グレート》が、必ず現世で私達を幸せに導いてくださるだけでなく、必ず来世も私達を幸福な世界に招いてくださると信じることも、死に関する非日常的なスピリチュアルペインを癒すことになります。

例えば、終末期の消滅恐怖について考えてみましょう。

人は誰でも、自分が死に直面した時に死への恐怖に怯えます。実際に、終末期の臨床で「自分の存在が消えることが怖いんです。人間に耐えられる怖さではありません……」と、私に訴える患者はたくさんいます。

それでも、大いなるもの《サムシング・グレート》の慈悲や慈愛は、必ず死後も私達を幸福な世界に迎え入れてくださると信じることで、私達の心は安らぎます。しかも、それは何か私達に業績があるからではなく、その慈悲や慈愛により無条件に受け入れてもらえると信じることで、より安らぎます。さらに、その次の世界では、誰もが愛情と利他心に満ち、既に亡くなっていた愛する人とも再会できると信じることで、さらに安らぎます。

また、死別悲嘆について考えてみましょう。

人は誰でも、愛する人が死んだ時に大きな悲しみに沈みます。実際に死別の臨床で、親や兄弟姉妹や配偶者や子供など、愛する人を亡くした人の悲嘆は非常に重いものです。中には、後追い自死願望に捕らわれるほど深刻に苦悩する人もいます。

それでも、大いなるもの《サムシング・グレート》の慈悲や慈愛は、必ず亡くなった愛する人を幸福な世界に迎え入れてくださっていると信じることで、私達の心は安らぎます。しかも、その故人は苦しむことなく平和に暮らしていると信じることで、より安らぎます。さらに、その故人はその次の世界からいつも私達を見守っていて、いつか必ずまた会えると信じることで、さらに安らぎます。

そして、こうした信仰心や良心としてのスピリチュアリティを生かし、死に関する非日常的なスピリチュアルペインを和らげていくのもまた、スピリチュアルケアなのです。

こうした意味で、私達は、人智を超えた大いなるもの《サムシング・グレート》と繋がった時にこそどんな悲しみも大きく癒されるのだと思います。またその意味で、全てのケアの基礎はスピリチュアルケアであると言えます。

そして、そうしたスピリチュアルケアの実践のためには、私達は常日頃から「魂の世話」としての「スピリチュアリティのケア」を大切にすべきです。何よりもまず、「スピリチュアルケア」を実践する中で、自分自身もまた「ケア」されていることを実感できると思います。

2　日本スピリチュアルケア学会の創設

私はこうした自分なりの考えだけではなく、多くの専門家達と一緒にスピリチュアルケア学会を創設したいと思いました。それは、日本では混沌としている「スピリチュアル」や「スピリチュアリティ」の理念や概念を、学会として学問的・学術的・学際的に研究して一つのモデルを社会に提供したいと考えたからです。そして、それを通じて、「スピリチュアルケア」をどのように理解し実践すれば良いのか迷っている人達、特に臨床で様々なケアに携わる人達の助けになりたいと願ったからです。

①学会創設時の理念

スピリチュアルケア学会創設に向けて、私が最初に具体的な行動を起こしたのは、二〇〇三（平成一五）年四月でした。

私はまず、日野原重明先生（故人・当時財団法人聖路加国際病院理事長）の賛同を得ようと、スピリチュアルケア学会を立ち上げたい旨を直接説明しました。その時の日野原先生の反応は、「ああ、そうですね」とまだ何か軽い受け止め方だったように思います。

その二か月後に、日野原先生に学会の理事長就任を依頼しました。

「私は、スピリチュアルケア学会を立ち上げたいと考えておりますが、その時には日野原先生、理事長になっていただけますか」

そこで初めて、日野原先生には現実味が湧いたのではないかと思います。おそらく、「スピリチュアルケア」という言葉の持つ社会的影響と責任の重大さを感じられたのでしょう。しばらくして、日野原先生から「その学会の詳しい理念を知りたい」と問い合わせがありました。

それに答えて私は日野原先生に手紙を書き、スピリチュアルケアの学会を立ち上げる時の理念として持っていた自分の考えを伝えました。

少し長くなりますが、その全文を紹介します。

●日野原重明先生への手紙（二〇〇三（平成一五）年六月一〇日付）

先日、日野原重明先生より新しく立ち上げる予定の「スピリチュアルケア学会」の理念についてのご質問がありましたが、それについてお答えいたします。

このたびの「スピリチュアルケア学会」の創設に当たり、この学会をどうしても設立したいとの望みは、第一に日本だけでなく全人類の精神性を向上するためであり、そのための一石を投じたいと望んでいるためです。大変に傲慢で僭越な考えかもしれませんが、私を含めて、相互に精神性を高め、人間の尊厳と品格に気付き、尊び学び合う機会を多くの人々と共有したいとの願いからです。その思いは、スピリチュアルケアはただの個人的なケアではなく、人類の日々の生活の中で「どなたに対しても尊敬と信頼」を持って接することの大事さを理念としたいと考えております。それによって、社会全体が優しく温厚なものとなり、その結果が平和な世界となると信じているからです。一人ひとりのスピリチュアルな平穏がなければ、全体的な平和はないと考えております。

また、スピリチュアルケアを考えますとき、目に見える道徳的な次元だけでなく、それを超える次元までにいたる事柄であることを視野に入れることも大事なことであると考えております。

私自身がもっとも重要と考えております「スピリチュアルケア」は、特別な「スピリチュアルペイン」を抱えた人々のためだけでなく、すべての人が「スピリチュアルペイン」を抱えていると考えておりますので、そのケアは「日常生活の中での人間関係の中でケアされる」ことが、大事なことであると考えます。そのためには日常的に「どなたに対しても尊敬と信頼」を持って接することが大切なことと考えます。

ところで、まず、「スピリチュアルケア」を考えるためにはその痛みである「スピリチュアルペイン」について考える必要があります。「スピリチュアリティ」の痛みなくしては「スピリチュアルケア」はあり得ません。そのためにまず「スピリチュアリティ」を理解し、続いて「スピリチュアルペイン」について考えたいと思っております。

（1）日本の社会ではいろいろと異なる「スピリチュアリティ」についての理解と情報があり、社会的にも大きな話題となっております。このような状況の中でカルト的なスピリチュアリティの理解が広く行き渡っていますが、もっと学問的・学術的な研究に基づく「スピリチュアリティ」を、社会に提唱することが必要ではないかと考えます。そのために、研究会ではなく学会を立ち上げて学問的・学術的な研究をする分野が必要ではないかと考えました。

（2）「スピリチュアリティ」の定義を考えることは、大変に難しいことですが、今の時点での考えは、「スピリチュアリティ」とは、「魂―霊魂―良心―いのち」と考えております。このスピリチュアリティの作用は、終末期や悲嘆の最中に強く感じられる事が多く、そのために「スピリチュアリティの定義」の中心を、終末期や悲嘆の中にいる人々の痛みに置く学者が多いと考えますが、「スピリチュアリティ」[2]は、決してそれらの時期にだけでなく、幼いときから魂の喜びや痛みとして人々は実感していると考えます。ソクラテスが「魂の世話」との言葉で語り掛けた意味は、正しく今の時代が言うところの「スピリチュアリティへのケア」ではないかと考えます。

（3）それは心の深みにある聖なる領域の活動であり、あるときは、人知れず善行を行ったりしたときの心密かにうれし涙を流したりする喜びや、また、逆にしばしば人は良心の咎め、罪悪感として実感する領域であると考えております。

しかし、その動きを人間の弱さゆえに、大事な魂の叫びを聴くことなく、何もなかったかのようにして生活をしているのではないでしょうか。

（4）「スピリチュアリティ」は、普遍的にすべての人々が有しているものであり、その概念に基づいての学会であると考えております。「スピリチュアリティ」については、WHOが全人を四つの側面にしたとき、身体的、社会的、精神的、スピリチュアルな面に分け、またそれをペインから考察して、「スピリチュアルペイン」としていますが、日本においてはその定義もいまだなく、そういったことから「日本的なスピリチュアリティ」についての学際的かつ学術的な研究が必要ではないかと考えております。

（5）「スピリチュアルペイン」は、そのスピリチュアルな面が痛むことであり、多くの場合は、それに気付かないようにしており、そのペインが示しているサインを読むことも、また、その教訓を生かすこともないために、精神的な成長がないままに終わってしまうことが、残念なことと思います。その良心の痛みや罪悪感を自らなきものとして消してしまうか、あるいは、その痛みの原因を他者に押しつけて自身を正当化してしまう傾向が人間にはありますが、そのために一度立ちどまって、各自の魂の動きを見つめる必要もあると思います。その魂の動きに目覚める機会が「スピリチュアリティのケア」にあると思います。

（6）つまり、「スピリチュアルケア」とは、別の言葉で語るとすれば、「良心を清め、研ぎ澄ませるためのケア」とも言えるし、また「良心の浄化」に気付き、それに対して素直に生活をすることが、人間として生きている価値のある存在となるのではないかと考えます。

（7）スピリチュアルペインを感じ受け止めるためには、道徳的な次元の世界だけではなく、次元の違う世界への感性を磨く必要があるのではないかと考えます。つまり、宗教的で、また大自然への敏感な感性、人智を超えた大いなるものへの尊敬と畏敬の念が必要ではないかと考えます。

（8）人は、科学万能ですべては人間の思いのままになると考えがちですが、その考えが人類を危機に追いやる危険性もあります。人智を超えた大いなるもの（それを信じる信じ方は一人ひとりの感性により異なります。たとえば、ある人は仏、阿弥陀仏、観音様、万の神々、太陽、大自然、ご先祖様などを信じるでしょう）、その対象が何であろうとも敬い尊ぶこころを大事にする人々の学会であって欲しいと願っております。

私の経験からスピリチュアルケアの場面では、次元を超えた事柄に出会うことが多くあります。それは「死」を媒介とした事柄に接する機会が多いためであり、そのために各自が信じる人智を超えた大いなるものに対しての敬意の念が必要であると思っております。

（9）もちろん、この分野は宗教や哲学的な範囲だけでなく、広く医学、教育、経済、政治界などにも及ぶことを考えております。あくまでもある一定の理念に縛られることではなく、すべての壁を越えて、同じ土台の上で学術的な研究と、また、ケア学会として「現場感覚」を忘れることのない学会としたいと考えております。

以上のような理念をもった学会が設立いたしました暁には、日野原重明先生に理事長に就任していただきたく、この点も、よろしくご協力をお願い申し上げておきます。

高木慶子

大事なのは、机上の学問研究だけではなく臨床のケア実践に取り組むこと、そして一人ひとりが内なるスピリチュアリティを磨き清めるということです。

スピリチュアリティに関わらないスピリチュアルペインはなく、誰もがそうしたスピリチュアリティを持っているからこそ、スピリチュアルペインの解消としてのスピリチュアルケアも万人に適用することができます。

私達は皆、誰もがスピリチュアルペインを持っています。それも、決して亡くなる時だけ急に持つのではなく、物心付いた時からずっと持っているのです。

誰もができるだけスピリチュアルペインの無い人生を送りたいと思っていますが、そのためには精神性を高めていく、つまり信仰心と良心に満ちた生活を送ることが大切です。結局、それに気付かない限り、私達はいじめも戦争も無くすことはできず、人生の様々な理不尽を脱却することもできないと思うのです。

誰もが、人間として幼い時から持っている信仰心や良心に向き合って欲しい。そして、誰もがその浄化を通じて精神的に成長し、思いやりや気づかいや優しさや親切心を育み、安らかで穏やかで元気で活力に満ち溢れて欲しい。社会が健やかであれば、世界も平和になります。

どうぞ皆さん、私達の信仰心や良心、つまり自分の内なる魂の声に耳を傾けませんか。人間として、より良く豊かな生活を送りませんか。誰も見ていなければ何をしても良いのではなく、本当に自分と相手が喜ぶような生き方をしませんか。自分も、他人も、もっと一人ひとりを大切にしませんか。そして、慈悲や慈愛の心で、尊敬や信頼や忍耐力や利他心を発揮し、安心と安寧の中で一生幸福に暮らしませんか。それこそが、真実の人生ではないでしょうか。
これが、私がスピリチュアルケア学会創設に込めた理念であり真摯で誠実な願いだったのです。

②学会の創設後

この手紙により、日野原先生の賛同は得られましたが、そこからはなかなか賛同者に出会えず、およそ三年の月日が過ぎていきました。「産みの苦しみ」を、数え切れないほど味わいました。

その間、二〇〇五（平成一七）年からテレビ番組「オーラの泉」が始まりました。そこに登場した江原啓之さんと美輪明宏さんは、自ら「スピリチュアル・カウンセラー」を名乗っていました。このテレビ番組は、二〇〇九（平成二一）年三月まで続き、多くの人々の関心を引いて視聴率も高く、社会的な話題になりました。

彼らの実践には無視できないものがありましたが、ただそこから生まれた「スピリチュアル・ブーム」に私は大きな懸念を抱きました。何か「スピリチュアル」とは超能力や超常現象のことであり、限られた人だけの異常で非常識なものであるという風潮を感じたのです。

しかし、私にとって一番重要なことは、既にここまで話してきたように、「スピリチュアル」あるいは「スピリチュアリティ」は、誰もが持つ普遍的で根源的で日常的な「信仰心」や「良心」などの心の持ち方であり、毎日の生活の中で自ら磨き清めていくものであるということでした。

そのような状況の中で、二〇〇六（平成一八）年になってようやく多くの人達の賛同が集まり、二〇〇七（平成一九）年三月一六日に発起人会を行い、設立大会を同年九月一五日に開くことができました。それが、日本スピリチュアルケア学会の船出です。高野山大学の協力で、最初の事務局を同大学内に置きました（現在は上智大学グリーフケア研究所内）。

翌二〇〇八（平成二〇）年の一一月には、第一回学術大会を兵庫県看護協会で開催しました。創設の翌年に学術大会を開催できたことは、当時いかにスピリチュアルケアへの社会的要望や関心が高まっていたかを示していると思います。

このように、日本スピリチュアルケア学会は大きな志と社会的使命を持って創設されたのですが、出発当初から様々な課題と向き合うことになりました。

まず、学会名に「スピリチュアル（スピリチュアリティ的）」と「ケア」という「理論」と「実践」の二つの要素を含むため、その両方を一つの学会で研究することの難しさがありました。また、「スピリチュアル」の定義の考察は、あまりにも分野が広範囲で複雑なため、今でもまだなかなかまとまらないままです。

それでも、これからも日本スピリチュアルケア学会は、寛容と多様性を担保しつつ創設当初の理念を追求していって欲しいと、私は心から願っています。

3　スピリチュアルケアの諸相

①現代日本社会

「スピリチュアリティ」は本来、キリスト教用語でもあったと考えます。そのため、キリスト教世界では、WHOが人間の健康や緩和ケアの四つの側面の一つとして「スピリチュアル」を挙げた時にそれを問題なく受け入れられたと思います。

しかし、日本では「スピリチュアリティ」の概念が薄いため、「スピリチュアル」とは何か、「スピリチュアリティ」とは何か、「スピリチュアルペイン」とは何かが、常にまず問題になります。

とはいえ、概念としてはどのようなものであろうとも、実際の人生では人間は誰でもスピリチュアルペインを持ちます。伝統的に、日本ではそうしたスピリチュアルペインの癒しを、多くの場合宗教に求めてきました。例えば、仏教やキリスト教などの伝統宗教がその代表です。

しかし、宗教離れの進む現代日本社会では、今後人々は既存の宗教ではなく身近な癒しを求めてスピリチュアルケアに向かうのではないかと、私は考えています。

これには、二つの方向性があります。

まず一つは、良心の痛みや不条理に対する苦悩としてのスピリチュアルペインを癒すために、本人やケア者が「宗教以前の信仰心」を働かせていくという方向性です。

またもう一つは、そうしたスピリチュアルペインを癒すために、特に信仰心さえ持たず、人と人との日常的な関わりの中で相手を肯定的に受け止めてケアしていくという方向性です。

ただ、私自身は、深いレベルのスピリチュアルペインを癒すためにはやはり信仰心が必要であると考えています。

ここで、かつての伝統宗教はどのようにスピリチュアルケアを行っていたのかを見ていきましょう。

②仏教

まず、仏教のスピリチュアルケアについて考えます。

私は仏教の専門家ではありませんが、従来日本人に最も好まれ受け入れられてきたのは、浄土真宗の宗祖親鸞が説いた悪人正機説《あくにんしょうきせつ》ではないかと思います。それは、『歎異抄《たんにしょう》』第三章にある「善人なをもて往生をとぐ、いはんや悪人をや」という教えです。

私達の中で、物心付いた時から今日まで一度も悪いことを考えたり行ったりしたことのない人はいません。ですから、私達は誰でも大なり小なり「良心の痛み」としてのスピリチュアルペインを持っています。

私の理解する悪人正機説とは、そういう「悪人」である私達衆生も、阿弥陀仏への信心があれば浄土に往生させてもらえるという信仰です。しかもその救済は、賞罰ではなく阿弥陀仏の本願による、という考え方です。これは、正に信仰心や良心としてのスピリチュアリティを生かしたスピリチュアルケアと言えます。

③キリスト教

次に、キリスト教のスピリチュアルケアについて考えます。

私はカトリック教会の修道女ですから、やや詳しく説明してみたいと思います。

キリスト教の中でも、カトリック教会には「秘蹟」と呼ばれる儀式があります。私は、その中の「ゆるしの秘蹟」がスピリチュアルケアの基本形と考えています。

「秘蹟」は、「神の見えない恵みを見える形として行う儀式」です。その原型は、「人の目には見えない神が見える形で、キリストとして人間の歴史の中に現れてくださったこと」です。

「ゆるしの秘蹟」は、日本では「懺悔《ざんげ》」や「告解《こっかい》」と呼ばれますが、ただの後悔や反省ではありません。「人間の罪を見える形で、神にゆるしていただくための儀式」であり、神の代理者であるカトリック教会の司祭に罪を言い表し、それを司祭が神に代わって赦します。この儀式の条件は、「罪を言い表すこと」と、「それを司祭が聞き」、「その罪をゆるす権能によりゆるされること」です。

この場合の罪の概念は、具体的な次元の悪行だけでなく、「良心」あるいは「魂」の領域での罪意識が重要です。つまり、目に見える形での罪だけでなく、目に見えない罪の意識を自ら告白することによって、キリストの代理者である司祭からそれが赦されるのです。そのためには、「秘蹟」を信じる信仰心が求められます。

私は、この「ゆるしの秘蹟」を非常に人間性に適ったものと考えています。つまり、人間は誰でも皆、スピリチュアルペインを誰かに話すことで赦され癒されたいと望んでいます。その場合、人間同士のレベルではまだ不十分だとしても、それでもまず現前する人間による赦しや癒しを求めるわけです。

実際に、「ゆるしの秘蹟」では、目の前にいる現実の司祭に、自分自身のスピリチュアルペイン、すなわち罪意識や自分では解けない疑問などを言い表すことにより赦され癒され、これまで大勢の人達が大きな安心と平安に包まれ嬉し涙を流してきました。その意味で、キリストは人間が誰でも具体的に実感できる「癒し」の方法として「ゆるしの秘蹟」を残されたのではないか、と私は思います。やはり、私達には具体的に愛されているという実感が必要なのです。

私は小学校一年生の時に、初めて「ゆるしの秘蹟」を受けました。罪が何であるかさえ分かっていない幼い私に、分かりやすく「罪とは何か」を説いた教会の司祭や修道女を思い出します。その中で、目に見える形で自分自身が悪かったと思うこと、つまり具体的に行った悪いことの列挙だけでなく、もっと内面的な後ろめたさにまで及ぶ糾明を促されました。

次第に大人になっていくにつれて、私の中で「罪の意識」の把握が深化していきました。それは、心の領域からさらにその奥底にある「魂＝良心」の領域での罪悪感や良心の呵責についての自覚的な向き合いです。心の奥深くにある思い、言葉、行いなどで、誰にも知られず自分しか知らないことも「糾明」して自分の罪として受け止めるのです。そのためには経験上、「魂＝良心」の清めと、それを行うための力を得る日々の信仰生活が大切であると思います。

こうした罪意識や自分では答えが出ない疑問に対する悩みが、今でいうスピリチュアルペインです。「ゆるしの秘蹟」では、実際には代理者としての司祭が行いますが、神によりそうした自分のスピリチュアルペインが赦され癒されたという実感は、紛れもなくスピリチュアルケアだと考えています。

もちろん、残念ながら人間の弱さゆえに、「ゆるしの秘蹟」にはデメリットがあることにも言及しておきます。というのも、困ったことに、中には大きな罪でも神から赦されるからと安易に罪を犯す不届きな人もいないわけではないのです。また中には、神から赦されれば他人に対して責任はないなどと考える不心得な人も少なからずいるようです。

それでも歴史上、キリスト教の「ゆるしの秘蹟」が、これまで数多くの苦悩する人達の魂に救いと癒しを与えてきたことは事実です。また、それにより数え切れないほど多くの人達の魂が磨かれ、他者に対する愛情や利他心を育んできたこともまた、誰にも否定することはできません。

私自身は、そこに神の大いなる慈悲と慈愛を感得し、感謝せずにはいられないのです。[3]

注

1 シシリー・ソンダース「治療困難な悪性疾患の症状治療」『シシリー・ソンダース初期論文集：1958-1966』小森康永編訳、北大路書房、二〇一七年。

2 ここは、原文の「スピリチュアルペイン」を「スピリチュアリティ」に修正した。詳細は第7章で論じるが、大いなるもの《サムシング・グレート》に対して後ろ向きな、心の奥底からの罪悪感や良心の呵責あるいは不条理に対する苦悩、つまり「魂の痛み」が「スピリチュアルペイン（spiritual pain）」であるのに対し、大いなるもの《サムシング・グレート》に対して前向きな、心の奥底からの歓喜や満足、すなわち「魂の喜び」は「スピリチュアルプレジャー（spiritual pleasure）」である。この両者はどちらも、人間の核であり、大いなるもの《サムシング・グレート》を感じ取る能力である「スピリチュアリティ」に基づいている（184頁参照）。第5章の図1の「スピリチュアルな面」（斜線部分）には、「スピリチュアルペイン」と「スピリチュアルプレジャー」の両方が生じることを補足しておく（92頁参照）。

3 本章の内容については、次の文献も参照。髙木慶子「現場から見たパストラルケアとスピリチュアルケア、グリーフケア」、鎌田東二編著『講座スピリチュアル学 第一巻 スピリチュアルケア』ビイング・ネット・プレス、二〇一四年。髙木慶子「日本スピリチュアルケア学会の創設」、瀧口俊子・大村哲夫・和田信編著『共に生きるスピリチュアルケア——医療・看護から宗教まで』創元社、二〇二一年。

【コラム】借金を返していなかった男性——スピリチュアルケア①

私がターミナルケアをしていたある男性は、借りたお金を返せていなかったことに苦しんでいました。三〇〇万円の借金があったそうです。でも、終末期なのでもう残された時間がありません。身体も自由に動きません。それでも、そのお金を借りた相手に会ってお詫びしたい。手紙や代理人を通じて伝えるのではなく、自分自身で直接その相手に一言お詫びしたい、ということでした。

私は、どうしようかと迷いましたが、その男性が借金した相手に連絡して、わざわざ病院まで来てもらいました。それは、とても勇気のいる厚かましいお願いでした。

その相手は、病室に入るなりすぐにその男性に声を掛けました。

「おお、会えて良かったな」

「ああ、すまん」

「どんな借金だったか僕は覚えてないから、もう良いんだよ。何もなかったことにしよう。本当に、向こうでまた会おうよ。それが一番だよ。向こうで、また酒を飲もうよ」

「ありがとう……」

その男性は、同席する私にも嬉しそうに目を向けました。その目には涙が浮かんでいました。本当に素晴らしい時間でした。

これは、亡くなる人の最後の望みを何とか叶えたいと思っての行動でしたが、ケアのあり方としてはやや介入し過ぎかもしれません。それでも、私はその人が平安な最期を迎えられるためならば、というただその一心でした。

【コラム】コロナ禍で夫を亡くした女性——スピリチュアルケア②

ある男性が、コロナ禍で亡くなりました。

その彼の高校三年生の娘から、私に連絡がありました。それはこういう経緯でした。

「二週間前に、父は熱が出たと病院に行き、そのまま入院しました。その後、新型コロナウイルスに感染していると病院から知らせがあり、その三日後に死亡通知が来て、母はパニックになりました。母は一度近くの病院に入院しましたが、精神病院に転院すると連絡がありました。母から、お世話になっている高木先生にお知らせするようにとの伝言でしたので……」

私は、彼女を心から慰めると共に、コロナ禍の怖さにただただ震える思いでした。

この妻がパニック状態になったことも理解できます。急に愛する人が入院して、「新型コロナウイルスに感染しています」と告げられ、家族でさえ面会謝絶で見舞いに行けず、その直後に「亡くなられました」では、遺族がパニックになるのも当然だと思います。この不意打ちの一方的な死別体験が、今般の新型コロナウイルス感染症の特徴であり恐ろしさだと思います。

後日、精神病院を退院した妻から電話が掛かってきました。

「あまりに急なことの連続で、気持ちが追い付きませんでした。理性では『そうなんだ』と理解しても、感情がどうしても暴れて、半狂乱になってしまいました。精神病院への転院も、自分ではどうしようもありませんでした。『病院が主人を殺した！』と絶叫し続けたので、精神病院に入れられても仕方なかったのでしょう。ただただ自分を責めるばかりです。何もかも後悔ばかりです。早く主人のところに行きたい……」

涙ながらの訴えでした。突然の死別で何もできず、今もまだ耐えがたい自責の念に苛まれていることが伝わってきました。私は、「お辛いのですね……」と繰り返すだけでした。

この時、私はこの妻に「後追い自死願望」の危険を感じ、彼女に次のように伝えました。

「私の方から明日またお電話いたしますから、その時までお待ちくださいね」

その日から、私は彼女に毎日電話を掛け続けました。その間、彼女から次のような申し出がありました。

「他に、私のような人もいますか？　もしいるなら、私の例を話してください。あなただけではなく、このような人がいますよ、と」

「ありがとうございます。それでは、講演会や原稿などで紹介させていただきますね」

「お役に立てれば、この苦しみに小さな意味があれば嬉しいです」

五日目に、彼女からこういう言葉が聞けました。

「髙木先生、ありがとうございます。とても辛くてどうにもならない時には、私の方からお電話いたしますので……」

今でも、私は彼女の電話を毎日待っています。

このように、「後追い自死」の危険性を感じる時、私から毎日電話することを約束して、その電話を待ってもらうことでその人の生きる時間を延ばせることがあります。電話が掛かるまでの時間が、その人にとっての小さな希望になっていることもあります。

しかし、これは簡単なことではありません。相互に完全な信頼関係が必要で、私も長年の経験から「この人なら待ってもらえる」との確信がなければしてはならないと思っています。敢えて紹介するのは、このような手段で相手の生命を守ることもあることを示したいと考えたからです。

ケアで一番難しいのは、やはり死に関わるケアです。それは、終末期患者だけでなく、愛する人を亡くした死別悲嘆者に対しても同じです。特に、突然の死別による悲嘆は「後追い自死願望」が強く、時として毎日私からの電話で確認を取ることもあります。その場合でも、できる限り主治医と連携しています。

現代の日本社会では、このような連携をいまだに拒む医療関係者もありますが、多くの場合は快く連携できますし、医療関係者からスピリチュアルケアの依頼を受けるケースもたびたびあります。

現在、私達はコロナ禍のために思うように動けません。今も私は、メール、電話、オンラインテレビ電話などを通じてできるだけ悲嘆者のケアに努めていますが、もどかしさを強く感じています。

第6章　ケアとスピリチュアリティ

髙木　慶子

1　ケア者のスピリチュアリティ

第5章で、私は全てのケアの基礎はスピリチュアルケアであり、それはスピリチュアリティを生かすケアであると言いました。本章では、さらにケアとスピリチュアリティの関係について見ていきます。

ここでは、まずケア者のスピリチュアリティについて考え、次に悲嘆者のスピリチュアリティについて考察します。一番重要なポイントは、どちらも人智を超えた大いなるもの《サムシング・グレート》と関わるということです。

①問われる人間性

ケアの現場では、ケア者は相手からどのように見られるかが問題になります。つまり、相手にとって話をして良い相手と思われるかどうか、ケア者自身の人間性が問われます。

ある時の遺族会で、一人の参加者が別の参加者に「薄っぺらい人間には話したくないですからね」と言ったことがありました。本来、この「薄っぺらい」という言葉は主観に過ぎない上に、相手の人格を低く見る失礼な言葉です。ですから、その場に緊張が走りました。

参加者同士の対立には、「待った」を掛けなければなりません。それで、私はファシリテーターとして話に介入しました。ただ、その「薄っぺらい」という言葉は私にも向けられていたかもしれないと思い、まず「ごめんなさい」から始めました。

「ごめんなさいね。確かに、私の人生薄っぺらいかもしれないわね……。でもね、薄っぺらいと言われると、とっても辛いのね。だから、私だけじゃなくて、もしかしたらここにいる他の人達にも辛い思いをさせたかもしれません。本当に、そこまであなたに言わせてごめんなさい。赦してくださいね……」

そして、話題を変えました。

今、私はその時の「薄っぺらい人間には話したくないですからね」という言葉は、私達ケアに携わる者全員に向けられた言葉だったと受け止めています。

ケアの現場では、私達ケアをする側の人間性が問われます。言い換えれば、ケアの現場は私達自身のスピリチュアリティが試される場でもあります。

②聴く態度

それでは、ケアに携わる時の心構えから見ていきましょう。

ケアの現場では、まず相手の話を聴く態度がとても大事です。

誰でも、「この人は自分の話をしっかり聴いてくれるからもっと話したい」と思う時と、その逆に「この人は自分の話を全然聴いてくれないのでもう何も話したくない」と思う時があると思います。

相手に「この人は自分の話をしっかり聴いてくれる人だ」と思ってもらうためには、ただ漠然と話を聞けば良いわけではなく、自分の態度やその場の雰囲気作りがとても大切です。

私が人の話を聴く時に心がけていることは、「相手に対する尊敬と信頼」です。そして、自分がしてもらって嬉しいように相手に向き合います。つまり、私達が誰かに喜んで話をしたくなるのは、その相手の顔の表情はもちろん、態度や服装なども含めた全身から、自分の存在を肯定的に受け止めようとしていることが伝わる時だと思います。

何よりもまず、話すのは相手です。もし自分のことを話したくなった時は、ぐっとこらえましょう。

また、誰だっていかにも疲れて眠そうにしている相手に話したいとは思いません。だから、そういう態度は絶対に取ってはいけません。私なら、そういう人が「ちゃんと聴いていますよ」と言ったとしても、それはただ単に耳に入っているに過ぎず、「本当に聴いているんですか?」と言いたくなります。

相手に対する言葉づかいも大切です。相手を傷付けてしまっては、取り返しがつきません。言葉は常に、尊敬と信頼の心で選んで欲しいと思います。

私がケアの現場で特に気を付けているのは、相手を安心させるということです。そのために、いつも肯定の言葉から入ります。相手をねぎらい、その苦労に共感し、慰めの言葉を掛けます。決して相手を、「ジャッジ」つまり裁いたり評価したり批判したり否定したりしません。そして、素直に「ごめんなさい」と謝ったり、「ありがとう」と感謝したりします。良かったわねと思う時には、正直に「良かったわね」と言葉や態度で伝えます。

さらに、身だしなみも態度の一部です。特に女性の場合、濃い化粧や香水はタブーです。ヘアスタイルも、目が隠れるような髪型では相手が話しにくいです。服装やアクセサリーも、相手の状況を考えて選びましょう。もちろん、宝石は禁物です。

中には、ピカピカのダイヤの指輪を付けて香水をプンプンさせ、派手な洋服で患者を見舞う人もいます。私なら、死を前にした時にこういう人には会いたくないと思います。

そして、辛い気持ちを抱いている相手だからこそ、相手が本当に気持ち良く話せる環境を整えることも大事です。室内は、暑い時には涼しく、寒い時には暖かく、温度調整もよく考えて迎えます。こうした心づかいも、とても大切です。

ケアをすることは、決して簡単ではありません。手間暇をかけることが、基本原則です。

一番重要なことは、自分の都合ではなく相手の都合に合わせるということです。

③学ぶ姿勢

ケアの現場では、常に学ぶ姿勢がとても必要です。

私達は、決して相手のことを「全て分かった」などと思ってはいけません。常に、謙虚であることが大事です。

相手をよく理解するためには、よく学ばなければなりません。きっとケアの現場では、自分のこれまでの人生経験だけでは対応できない部分があるでしょう。ですから、人間をよく理解し、悲しんだり苦しんだりしている人達への洞察や共感を深めるためには、常に学び続けることが大切だと思います。

ケアの現場では、相手の思いを色々と伺います。その人がこれまでの人生で見たこと、聞いたこと、体験したことや、感じたこと、考えたこと、想像したこと、さらに他人から聞いて印象に残っていることなどを聴くことになります。そうした現場から学ぶことは、とても大きいです。

私も、グリーフケアやターミナルケアの現場では日々学びの連続です。

例えば、ターミナルケアをしていた時、ある人が亡くなる前に次のように語りました。

「僕にとって別れるのが一番辛いのは、実は子供や家内じゃないんですよ。もちろん、子供や家内と別れるのは辛い。でも、一番辛いのはこの身体と別れることなんですよ……」

これは、私にとって新しい気付きとなる言葉でした。というのも、私自身はそれまで愛する人より自分の身体の方が大切と考えたことは一度も無かったからです。しかし、その人はその身体で何十年と生きてきたわけですから、当然愛着も執着もあり、その肉体との別れはその本人にとって本当に辛いことだったのです。

人は、自分を基準にすると色々な盲点が生まれることに気を付けねばなりません。

また、人間の心は複雑です。決して一筋縄ではいきません。例えば、こういう例で考えてみましょう。

ある不倫をしている人が、私に相談に来ました。その人にとって、欲望は満たされています。けれども、「私の心は地獄です」と言うのです。

これは、スピリチュアルペインの観点からよく分かります。この場合、この人は欲望を満たしながらも、スピリチュアリティつまり良心においては「悪いことをしている」と自らを咎めているのです。だから、相手との逢瀬が終わると、その人は心の中で「地獄だ」と大いに苦しむわけです。

それにもかかわらず、私達の欲望に尽きるところはありません。懲りずにまた会いたいと思うのが、人間です。一方では満足感があり、他方では罪悪感がある。人間の心には、そういう裏表の二面性があります。そのことを、私達はよく知っていなければなりません。

また、その逆もあります。

例えば、よく「年老いた親の介護が面倒で辛い」という相談があります。その一方で、同じ人が「この年になってようやく親孝行ができて嬉しいんですよ」と話したりもします。これは、一方では苦しいと思いながら、同時に他方では喜んでいるわけです。人間の心は、こういう複雑な両義性を持っているのです。

常に人間の中では、欲望を持つ心身と、善良な魂がせめぎ合っています。だから、誰でも幼い時から日常的にスピリチュアルペインも持っているわけです。

さらに、悲嘆の表し方は、文化や個人によりそれぞれ異なることも知っておくと良いでしょう。

実際に、悲嘆の表現は文化によって違います。例えば、悲しい時に、日本人はできるだけそれを隠すことを美徳としますが、他の文化では身体全体で嘆き悲しみ慟哭《どうこく》する方が人間味があるとされる場合もあります。この違いは、自分の文化を基準にしていては気付きません。そうした違いがあることを、私達は知識として理解しておく必要があります。

また、悲嘆の表現は、文化だけでなく個人によっても異なります。例えば、ある人が自分の子供の葬式でにこやかに別れの言葉を述べているのを見て、「あの人は悲しくないのかしら……」といぶかしむ声を聞いたことがあります。しかし、私はおそらくその人は誰も見ていないところでボロボロになって号泣しているのではないかと思います。

このように、悲嘆の表現は文化によっても個人によっても千差万別であることを、よく理解しておきたいと思います。

常に、自分を基準にせずに謙虚に学び続けることが大切です。決して、他人の心を「全て分かった」などと思ってはいけません。

④相手に対する尊敬と信頼

ケアの現場では、色々と嫌な話を聞くこともあります。

例えば、相手が男性でも女性でも、偉そうだったり話を粉飾したりする人がいます。また、長々と自慢話をしたり、愁訴《しゅうそ》に終始する人もいます。さらに、あなたがそこまで自分でそう思っているなら、もう私にその話をしなくても良いのではないですか、と思わせる人もいます。そうした時、私は心の中で、「この人はここまで言わなければ、心も気持ちも一杯いっぱいなんだ」と思って話を聴くようにしています。

時には道徳上、人として聞くに堪えないことを聴かなければならない時もあります。また、我慢の限度に達して、「もうお引き取りください」と言いたくなる場面もあります。そういう苦痛を感じる話を聴く際に必要なのは、我慢ではなく、「相手に対する尊敬と信頼」だと思います。

ケア者は、相手の話を我慢して聴くのではなく、尊敬し信頼して聴くのです。そのためには、自らのスピリチュアリティ、つまり人智を超えた大いなるもの《サムシング・グレート》への信仰心を強く持つことが肝要です。

普通、忍耐力は「人間力」と考えられています。しかし私は、真の意味での忍耐は、人間の次元を超えた大いなるもの《サムシング・グレート》から力をもらわなければ不可能だと思っています。大いなるもの《サムシング・グレート》への信仰があれば、人は「相手に対する尊敬と信頼」の心を持ち、我慢の限界を超える忍耐力を発揮することができます。

つまり、大いなるもの《サムシング・グレート》がその人を大事にしていると思うから、私もその人を大事にできます。また、大いなるもの《サムシング・グレート》の慈悲や慈愛がその人を見守っていると感じるから、私もその人を慈悲や慈愛の心で見守れます。さらに、大いなるもの《サムシング・グレート》がその人を赦していると思うから、私もその人を赦すことができます。そして、大いなるもの《サムシング・グレート》がその人の幸福や安寧を願っていると信じるから、私もその人の幸福や安寧を願うことができるのです。

これらが可能になるためには、常に自分自身もまた、人智を超えた大いなるもの《リムシング・グレート》から大事にされ、慈悲や慈愛という恵みや祝福を頂いているという日々の確信が重要です。そのためには、毎日の生活の中で、感謝と謝罪の心で、精神性を高め、人間性を厚くし、スピリチュアリティを磨き清める必要があります。

そして、悲嘆者の方も、そうしたケア者から尊敬と信頼の心で肯定的に受け止められることで、次第に自信を取り戻し、自分自身で自分の問題に向き合う勇気を得て、悲嘆を生き抜くことができます。これが、ケア者が悲嘆者と「共に生きていく」という意味です。

何よりもまず、悲嘆者自身が大いなるもの《サムシング・グレート》の慈悲と慈愛を感じ取ることにより、自らの内から自信と希望と活力と利他心が湧いてくると思います。

だから、私はいつでもどこでも誰に対しても、大いなるもの《サムシング・グレート》の慈悲と慈愛を信じ、尊敬と信頼の心で幸福と安寧を祈るのです。

グリーフケアでも、ターミナルケアでも、ケアに携わる人にとって最も大事な心構えは、どのような人に対しても心から尊敬と信頼を持って接することです。これが、大原則です。究極のところ、それは大いなるもの《サムシング・グレート》への信仰心に関わると述べておきたいと思います。

この意味で、全てのケアは、自分のスピリチュアリティを生かすスピリチュアルケアであると思います。

2　悲嘆者のスピリチュアリティ

①グリーフケアとターミナルケアの違い

ケアの現場では、ケア者はその悲嘆者の心身の状態をよく分かっておくことが大事です。特に、終末期の患者には残された時間が少なく、体調が急変することもよくあります。ターミナルケアの場合、そうした非日常的で先行きの不安定な状況であることをよく理解しておく必要があります。

これに関連して、特に重要な問題として、グリーフケアとターミナルケアの違いについて述べておきましょう。まず把握しておくべきは、その悲嘆者に未来への希望があるかどうかです。

日頃、私達は無意識に「未来がある」と思っています。常に、毎日をそういう希望を持って生きています。例えば、台風が明日接近すると分かれば、私達は自ずとそれに備えます。それは、明日以降も生きていきたいし、台風に備えれば生き抜くチャンスが増えると思っているからです。このように、生きている限り、私達の心の中にはいつも未来への希望があります。

もしまだ死に直面せず、未来への希望を持っている悲嘆者の場合、彼らが自分自身で自分の問題を解決する時間や可能性が残されています。そこで、彼ら自身の持つそうした未来への希望を生かすのが、グリーフケアです。

ですから、グリーフケアでは、相手自身が自分の問題と向き合えるように、ケア者は尊敬と信頼の心で支えます。つまり、傾聴を通じて相手の存在を丸ごと肯定的に受け容れ、相手を元気付け、相手自身が自分の未来への希望を実現できるように寄り添うのです。

この未来への希望を悲嘆者自身が見出しているかどうかが、グリーフケアとターミナルケアの大きな境目です。

一方、終末期《ターミナル》とは、患者に一切の健康回復の見込みが無い時期のことを言います。医師からはっきりと死期を告げられた時、あるいは自ら自分の死期を悟った時、終末期患者には未来への希望が一切無くなります。実際に、死に直面した終末期患者は全てに絶望しています。そうした状態では、彼らに何らかの希望を見出してもらうのは非常に困難です。

ですから、ターミナルケアでは、グリーフケアのように悲嘆者自身の持つ未来への希望に寄り添うことができません。従って、このままでは終末期患者の深刻な悲嘆が解消されることはありません。

そこで、それでも終末期患者に何らかの希望を見出してもらうことが、ターミナルケアのポイントです。

②終末期の消滅恐怖

終末期患者は、病気やケガや老衰などで、身体上耐えがたい苦痛を感じています。また、愛する人や物や環境などと別れなければならない精神的苦痛や、残していく家族の経済的問題の心配などの社会的苦痛にも苛まれています。さらに、過去の未解決な良心の痛みとしてのスピリチュアルペインにも大いに苦悶しています。

そして、終末期患者は、答えの無い問いを受け止められない苦悩としてのスピリチュアルペインにも大いに煩悶します。つまり、死に直面すると、未来が全て失われて生きる目標を見失い、生き甲斐や存在意義を喪失し、これまでの自分の人生とは一体何だったのかという虚しさと孤独感に付きまとわれます。また、自分はなぜ死ぬのか、死後の世界はどうなっているのかなどの人間存在の根源的な疑問に取りつかれます。

このように、終末期には未来を失った心が現在と過去を絶え間なく往還することで、答えの無い問いが次々と大量に噴出し、不条理に対する苦悩がどんどん増大します。そのため、今なお専門家でも、この意味でのスピリチュアルペインも終末期だけに感じる特別な苦痛と考える人が決して少なくないのです。

しかし、実際にはこうした不条理に対する苦悩としてのスピリチュアルペインも、終末期のみならず一生を通じて悲嘆を感じるあらゆる時に抱くものです。その点で、こうしたスピリチュアルペインもまた、誰でも幼い時から日常的に持っていると言えます。

ただし、終末期患者におけるスピリチュアルペインは、未来への希望を一切失った完全な絶望状態であるところに、その決定的な特徴があります。

終末期には、そうした絶望の中で、精神的・身体的・社会的苦痛と共に、死を受け入れたくない葛藤と過去への後悔の大混乱が生じ、スピリチュアルペインは極めて高まります。そして、そうした終末期のスピリチュアルペインの中でも最大のものは、やはり消滅恐怖だと思います。

実際に、終末期の臨床で「消えていくことが怖いんです」と私に訴える患者は大勢います。そのように死が怖いのは、死ねば全て無になると思っているからです。つまり、一切の未来も、現在の愛する人や物や環境なども、過去の記憶も業績も全て消失し、自分と世界の存在と価値の全てが消滅してしまうという未知の恐ろしさを感じているからだと思います。これが、消滅恐怖です。

私自身は、そうした終末期患者の消滅恐怖における「消えたくない」「死にたくない」「生きたい」というスピリチュアルペインは、「痛み（pain）」というよりも、生存欲求が満たされない「飢え（hunger）」の状態として「スピリチュアルハンガー」と表現できるのではないかと思う時があります。

③消滅恐怖に対するスピリチュアルケア

もはや死が避けられないことを自覚し、消滅恐怖に怯える終末期患者には、生半可なことを言っても何の慰めにもなりません。自分はもう絶対に死ぬ、消えて無になると絶望している終末期患者には、何か意味のあることを言おうとしても全く意味を成しません。

ですから、そうした終末期患者の消滅恐怖に対しては、特にケア者の死生観が問われます。言い換えれば、ターミナルケアこそ最もケア者自身のスピリチュアリティが試されます。そして、ターミナルケアこそ最もスピリチュアルケアが求められるのです。

私は長年の臨床での経験から、終末期患者のターミナルケアでは、「死で全てが終わるのではない」と語る勇気が特に必要であると考えています。そのためには、ケア者自身がスピリチュアリティをしっかり持つこと、つまり自分の心の中で人智を超えた大いなるもの《サムシング・グレート》と確かな接点を持つことが大事です。

私達人間は、目に見える世界しか認識できません。ですから、この世を超える死後の世界がどのようなものか、誰にも分かりません。

それでも、私自身は、大いなるもの《サムシング・グレート》の慈悲と慈愛は、現世で必ず私達を幸せに導き、死後も必ず私達を幸福な世界に迎え入れてくださると信じています。その死後の世界は、天国、極楽、浄土などと呼ばれる、現世とは全く次元の異なる、完全で素晴らしい幸福一杯の世界だと信じています。そして、そこには誰もが無条件で迎え入れられ、誰もが亡くなった人と再会もできると確信しています。

それらを信じるのが、信仰心としてのスピリチュアリティだと思います。この意味でのスピリチュアリティは、本来誰もが物心付いた時から普遍的・根源的に持っているはずです。

なお、この「信仰心」は「宗教心」に先立つと言えます。つまり、宗教心は信仰心がある特定の宗教の形になったものですが、私達はその前に信仰心を持っていると思います。ですから、信仰心でこの世を超える次の世界に行く時には、それぞれその人の望む「神様」や「仏様」や「菩薩様」や「如来様」などの慈悲や慈愛により、その完全で素晴らしい幸福一杯の世界に迎え入れられると、私は確信しています。そして、私は全ての人にもそう確信して欲しいと願っています。

亡くなる人の多くにその確信はないと思いますが、もはや長々と説教する時間はありません。しかし、それを簡潔に説明してもすぐに信じられるものでもありません。

ですから、私は次のように伝えます。

「そうよね。急には信じられませんよね。でも、信じたいでしょ」

「信じたい」

「だって、幸せなところに行くんですもんね、信じたいですよね」

「信じたい」

「だったら、信じましょうよ。それしかないんだから。私は、キリスト教だからキリスト教的な考えになりなさいなんて、そんなケチなことは言わないわよ。あなたが信じたいものを、信じるのよ。あなたは、自分がこういう世界に入りたいと望む世界に入るの。だから、それが極楽なのか、浄土なのか、天国なのか、私には分からないけれど、あなたがここが一番幸せだと思うところを心に決めたら、望み通りそこに行くことができるのよ」

そして、その人が「入りたいと望んだ世界」を、私は「そうなのね」と尊敬と信頼の心で肯定的に受け止めます。そのために近くに寄り添うのが、ケア者の役目だと思っています。

自らの大いなるもの《サムシング・グレート》への信仰心を生かし、相手の信仰心を活性化して、絶望する終末期患者にそれでも死後の世界への希望を見出してもらうこと、これが終末期患者の消滅恐怖に対するスピリチュアルケアです。

ここで重要なのは、そのためのケア者のスピリチュアリティは、日常生活の中で磨かれるということです。

確かに、人生には時に人を回心させるような天からの啓示があります。また、特に死に関わる終末期の現場では、科学では説明のつかない「霊視・霊聴」や「お迎え現象」や「臨死体験」など、あの世の存在を感じさせるような異常な超能力や超常現象も必ずしも珍しくはありません。

しかし、本当の意味でケア者のスピリチュアリティを高め確固としたものにしていくためには、そうした非日常的な天啓や神秘体験のみに頼るのではなく、毎日の生活の中で、大いなるもの《サムシング・グレート》の慈悲や慈愛を恵みや祝福としてしっかり受け止めることがとても大事です。

つまり、そもそも太陽光や空気や重力といった人智を超える天の支援がなければ私達は生きられませんし、大いなるもの《サムシング・グレート》の慈悲や慈愛により、幸福にはもちろんどんな不幸にも必ず私達を向上させる意味があると感得し、感謝できることの方がより大切です。そうした誰でもいつでもどこでもできる日々の小さな信仰心の積み重ねが、やがて大きな揺るぎない信仰心に繋がると思います。

そのように、日々自分のスピリチュアリティを磨き清めて初めて、ケア者は絶望する終末期患者に信仰心を呼び起こし、この世の次元を超える完全で素晴らしい幸福一杯の世界を信じさせ、死はその新しい世界への喜ばしい旅立ちであると納得させることができるのだと思います。

私の長年の臨床経験では、信仰心は人間が誰でも普遍的・根源的に持つ能力であり、たとえその人が忘れたり否定したりしている場合でも、しっかり所有する人と信頼関係を持って交流すると、次第に触発され目覚めるもののようです。

ですから、ターミナルケアの現場では、まずケア者自身のスピリチュアリティと、それに基づく死生観が確立されていなければなりません。その上で、相手との信頼関係の構築がとても重要になります。

「あなた、本当に消えてしまいたいの？」

「嫌だ」

「だったら、消えなくていいじゃないの。先に行って、私を待っててちょうだいよ」

これは、論理的な説明ではありません。でも、「私が会いたいんだから、向こうで待っていてください」とイメージできる形で伝えることは、相手にたとえ死んでも消えて無くならずに確かに存続するという希望を呼び覚ますことになります。

「消えてしまったら、もう会えないじゃないの。私が会いたいんだから、向こうで待っていてくださいよ」

「髙木先生は、天国に行きたいんでしょ」

「そうよ」

「僕は、天国じゃなくて極楽に行きたい」

「だったら、良いわよ。私が天国に行ったら、極楽にいるあなたを訪ねて行きますから」

「そんなことができるんですか？」

「天国のドアを一生懸命開けて、極楽のドアも一生懸命開けて、あなたを探しに行くから待っててね」

そういう話ができるほど信頼関係を作ることが、とても肝心なのだと思います。

④死別悲嘆に対するスピリチュアルケア

こうした、ケア者自身のスピリチュアリティ及び死生観の確立や、相手との信頼関係の構築が重要なのは、死別悲嘆者に対するグリーフケアの場合でも同じです。

人は誰でも、自分の愛する人が死んだ時はもの凄く悲しみ苦しみます。それは、死別によりその人ともう二度と永久に会えないと思うから、底無しの悲嘆に沈んでしまうのです。

しかし、亡くなった愛する人は完全に消滅したのではなく、この世の次元を超える完全で素晴らしい幸福一杯の世界で私達を見守っていて、いつか必ず再会できると思えば、残された人達の気持ちは随分楽になります。これは、私の三六年間の臨床経験上の実感です。

例えば、自死遺族会の参加者達は皆、自分の愛する人を自死で亡くし、極めて深い悲嘆に陥っています。そうした人達から「それが聞きたかった」という声が上がるのは、「これは私の確信なのよ」と言って次のような話をする時です。

「亡くなった人は、人智を超えた大いなるもの《サムシング・グレート》の慈悲と慈愛によって必ず極楽や浄土や天国に行っているから、心配しなくて良いのよ。本当に、とても幸せな世界にいるんですよ。向こうで待たれているから、必ずまた会えるのよ。心配しないで、再会を待ちましょう」

故人が苦しまずに幸せでいる、そして必ず再会できると信じることは、遺族の心をとても癒すのです。

ある時、自死遺族会に、二〇歳の息子を自死で亡くした人が参加しました。その人は、その息子が結婚したり、孫が誕生したりする人並みの幸せが失われたと、深く嘆かれていました。しかし、「死」とはこの世の次元から別の新しい次元への「門をくぐること」であり、その先には現世を超える別の幸福で平和な世界があって、そこで二〇歳の息子は自分達を待っている――。

「そう思ったら、悲しみがほとんど楽になりました」

実際に、こういう言葉が出てくるのです。

自らのスピリチュアリティを生かし、相手のスピリチュアリティも活気付け、愛する人の死により絶望の淵にある死別悲嘆者にそれでも来世への希望を見出してもらうこと、これが遺族の死別悲嘆に対するスピリチュアルケアです。

やはり、私達は、人智を超えた大いなるもの《サムシング・グレート》と繋がった時にこそどんな悲しみも深く癒されるのだと思います。また、その意味で、全てのケアは自分と相手のスピリチュアリティを生かすスピリチュアルケアだと思います。

死生観は、誰でもそれなりに持っていると思います。それでも、死によって全てが終わるという死生観はやはり辛いと思います。ぜひ、消えて無になるのではない、亡くなった人ともいつか必ず再会できる、そういう希望に満ちた死生観であって欲しいと思います。

⑤伝えたい三つの言葉

終末期患者のケア、つまりターミナルケアの場合、私は相手を週に一回訪問しています。しかし、残された時間が限られているため、「また来週参ります」と言っても次週も会えるかどうかは分かりません。

ですから、私はいつも一期一会の心構えを忘れず、もし「今日が最後になるかもしれない」と思う時は、帰り際にできるだけ一定のまとまりを付けることを目標にしています。具体的には、亡くなりゆく人に、次の三つの言葉を心の中で唱えてはどうでしょうかと勧めています。

「ありがとう」（感謝）

「ごめんなさい」（謝罪）

「また会いましょう」（再会の約束）

本当は、亡くなる人には、人生の中で出会った人達には偏ることなく全員に、直接この三つの言葉を口に出して伝えて欲しいと思います。

しかし、中にはもう会えない人や既に亡くなってしまった人もいるでしょうし、何よりもまず人間はなかなかそう簡単に素直にはなれません。ですから、私はせめてこれらの言葉を心の中で唱えてもらおうと思い、次のように話しています。

「私ね、あなたに代わって、あなたが人生の中でお目に掛かった全ての人達に『ありがとう』って言っておくわね。そして、ご迷惑を掛けた全ての人達に、あなたの代理で『ごめんなさい』って申し上げておきますね。そして、全員に『向こうで待ってるよ』と、あなたに代わってお伝えしておきますね」

すると、多くの人は「ウーン……」と気難しい反応です。それらは、自分の心の中には無い言葉だからです。

中には、「髙木先生、それを言っても良いけど、私の嫁にだけは言わないでください」「姑には言わないで」「主人には言わないで」などと注文も付きます。

「良いのよ。あなたが言うんじゃなくて、私が言うんだから。でもね、あなたはどう思っていても、それはそれで良いのよ」

私は、そう言って強制はしません。けれども、いよいよ死期が迫ってくると、嫌がりながら聞いていたほとんどの人が「髙木先生、私が自分で言いますから」と言うようになります。

もちろん、ここで「あなたに代わって」と言うのは、「あなたも言ってちょうだいね」と言っているのと同じことです。その意味では、ちょっと強引かもしれません。それでも、「あの嫁は、冷たいけれども優しいところもありました」というように、だんだん憎んでいた人の良いところに気付いて感謝するようになる人も多いのです。それは、人間としてとても望ましいことであり、非常に大事なことだと思います。

常に私は、ターミナルケアでは亡くなりゆく人に、こうした「感謝」「謝罪」「再会の約束」という三つの思いを抱いて、安らかな気持ちでこの世を旅立ってもらいたいと思っています。そして私自身は、その準備を一緒にするための同伴者でありたいと思っています。

ターミナルケアはとても難しく、これまでの三六年間の実践の中でその願いが叶ったのは七〇パーセントくらいだったと思います。それでも私は、こうした終末期患者や死別悲嘆者に寄り添い安心してもらうためのスピリチュアルケアの取り組みを、神が自分に与えた使命として、これからもできる限り努力を続けたいと思っています。

実際に、この三つの言葉は、医療関係者や遺族などの喜びに繋がります。

まず、医師や看護師は、自分が一生懸命に治療したり看護したりした患者から「ありがとうございました」「色々とお世話になってすみませんでした」「またお会いしましょう」と言われれば、やはり嬉しいと思います。「自分の力では救えなかった」という自責の念や無念さや無力感なども、少なからず和らぐでしょう。

また、この三つの言葉は、残される人達の心も軽くします。この三つの言葉により、残される遺族や友人や知人達は様々なマイナス感情を緩め、亡くなった人はその身体から消えてもまたいつか必ず再会できるという希望を持てます。その希望が、残される人達の悲嘆を少しずつ癒していくのです。
そして、私自身も、最期の時にはきちんとした対話や文章で、今まで出会った全ての人達に、「ありがとうございました」、「ご迷惑かけてごめんなさいね。赦してくださいね」、そして「向こうで待っています」と言って、この世を去りたいと思っています。

3　髙木慶子の独白

最期の時が来たときに、悲しみ孤独な人に、
優しい心で寄り添いたい。
長い人生の中には幸せな日々もあった。
また、辛く、悲しく、切ない日々もあった。

全ての人々は、
悲しく辛い人生を生きているのではないだろうか。
思い通りにならないことの多い人生を、
何もなかったかのような表情で。
重い荷物を背負いながら、軽やかに。
「感謝とありがとう」が言えず、

心の中でうれし涙を流しながら……、

悲しい、淋しい孤独な人生を耐えながら……。

私もその中の一人。それだから、
「全ての人に対して、どなたに対しても、
どのような時にも、優しく、にこやかに微笑みかけていたい。
よく忍耐し、頑張っていますね、と声を掛けたいけれど……」
その声掛けが出来ず……、
人は一人で生まれ、一人で最期を迎える存在としての孤独。

そして、最期の時が来る。
淋しく、辛く、孤独であり、耐えがたき失望感に悩まされる。

そのような人の近くに私はいて、優しい心で、
「ここにいますよ……」と声を掛け、
感謝と慰めの言葉を掛けたい。

髙木慶子の独白

【コラム】同じ墓に入りたくなかった女性――スピリチュアルケア③

「夫（妻）と同じ墓には入れないでください」

最近、そう言い残して亡くなるケースがよくあります。生きている間、我慢し続けてきた夫婦です。

中には、とても素敵な夫婦だと思っていたのに、奥さんから「少なくともお墓は別に」と言われたことがありました。

こういう時、私は次のような話をします。

「そうね……。本当に辛い結婚生活だったんですね。それでも、演じて演じて演じ切った人生だったんですね……。良いじゃないですか。亡くなる時まで、演じてちょうだい。向こうの世界は、この世とは全く違う、完全でとっても幸福一杯の世界なんだから。ご主人は、すっごく優しいあなたの理想のご主人になられていると思いますよ。だから、お墓は別にって言わなくて良いんじゃないですか。大丈夫だから、最後まで演じ切ると思ってお墓に入ってちょうだいよ」

「……髙木先生に騙されたと思って良いですか？」

「良いわよ」

多くの場合、その人達はお墓を分けずに、私の言葉を信じて安らかに亡くなっていきます。

もちろん、これを聞くと、多くの人は「本当ですか？」と疑問に思うでしょう。それでも、私としては嘘をついているつもりはありません。私は、ここで言った内容を、本心からそう思っています。

この世を超えた向こうの世界は、とても素晴らしいところです。場所が素晴らしいだけではなく、皆誰もが愛情に満ちた理想的な人格になっています。それが、私達が人智を超えた大いなるもの《サムシング・グレート》の慈悲や慈愛に導かれて入っていく、次元の違う幸福な世界だと思います。私は、それを確信しているのです。

もしお墓を分けると、残された遺族が悲しむ場合があります。本人の心も遺族の心も安らぐならば、それが一番ではないでしょうか。

【コラム】コロナ禍から生還した男性――スピリチュアルケア④

ある男性から三、四年ぶりにメールで連絡がありました。聞けば、新型コロナウイルス感染症から生還したとのことです。

「コロナに感染して、二か月近く病院に入院していました。お陰さまで退院したのですが、このまま家に帰ると家族に感染させる危険があるので、念のためホテルで隔離生活を送っています。とにかく、死ぬかと思いました。急に呼吸困難に陥り、このままではだめだ、死んでしまうと思った時、髙木先生が『お祈りしていますね』と言われていた姿が、目の前に現れてきたのです。それにより心が軽くなった、と思った瞬間に意識が無くなりました。三日間、意識不明でした。意識が戻った時には、全身医療機器に囲まれており、生命が危険な状態だったことを痛感しました。でも、私は生還しました。今は、髙木先生に救われた思いで一杯です。一言、お礼を言いたくて……」

このメールをもらった時、コロナ禍の怖さを身近に感じると共に、「私に救われた」というのは一体どういうことだろうと不思議に思いました。その後、直接会って次のような話が聞けました。

「人は死を間近にした時、素直になります。苦しみの中で、それまでの人生を振り返り、『ごめんなさい、ごめんなさい……』と、ただひたすら心の中で謝っていました。すると、髙木先生が私を祈ってくださっている姿が見えたのです。その姿を見た時、『救われた！』と本気で思いました。その瞬間に、意識が無くなったのです。私には信仰も信じる宗教もありませんが、あの時は髙木先生が私のことを祈ってくださっている姿が本当に素直にありがたく思えたのです。ただただ、感謝で一杯です……」

私はこれを聞き、ケアの現場での傾聴だけではなく、いつでもどこでも誰とでもスピリチュアルケアで心を癒し合う人間関係がとても大事だと教示された思いです。常日頃から、人智を超えた大いなるもの《サムシング・グレート》の慈悲と慈愛を信じ、誰に対しても尊敬と信頼の心で恵みと祝福があるように祈りを捧げることが極めて大切であると、改めて思いました。

後日、この男性の長女から手紙が届きました。その中に、次のような記述がありました。

「父は、心身の苦しみの中で、髙木先生が祈ってくださっている姿と声を感じた時、罪悪感から解放され、暗闇を抜け出して、真っ青な空に飛んでいくように感じたと言います。それは、今までに味わったことのない平安というか穏やかさというか、本当にとても幸せな感じだったと言っています。そして、意識が戻ってきた時に、無事に生還できたと感激したのです。私にはよく分からないのですが、これが髙木先生がご著書で書かれているスピリチュアルケアなのでしょうか」

また、彼女は次のように続けています。

「父は、あれは臨死体験ではなかったと言っています。臨死体験は意識が無い時に体験するもので、あの時は自分には確かにはっきりとした意識が有ったと言っています。いずれにしても、父のその後の生活はすっかり変わりました。穏やかで、優しくなりました。会社から帰るのも早くなり、家族との時間を大事にしてくれます。私にもこれまで以上によく話してくれるようになり、私も父の影響を受けて穏やかな言動ができるような気がしています。本当に、見違えるような父になっています。退院から五か月が経ちますが、母も父の態度が変わらないことに驚いています」

第7章　グリーフケア・スピリチュアルケアを巡る対談

髙木　慶子・秋丸　知貴

1　ケアにおけるチームワークの重要性

秋丸　他人の悲嘆をケアすることは、本当に難しいと思います。例えば、精神科で看護師として働いている二〇代後半の男性から、次のような話を聞いたことがあります。

彼は、高校二年生の女の子のケアを担当していたそうです。「大丈夫です。もう良くなりました。前向きに生きていこうと思います」と、彼女はすごく明るくなり、彼もうまくいっていると思っていました。ところが退院後まもなく、その彼女は自死してしまいました。表向きは順調だったけれども、彼女は本当の意味で心を開いていなかったと、彼は気付いたそうです。もっと本当の信頼関係を築くことはできなかったのか、もっと自分にできることはなかったのかと、彼は今も悩んでいるそうです。

そもそも、二〇代の若い男性看護師に、一〇代半ばの思春期の女の子が完全に心を開くかどうかには限界があると思います。しかし、ケアの現場では、そうした限界は言い出せばきりがなく存在すると思います。こうした問題について、髙木先生はどのようにお考えですか。

髙木　個別のケースについては、具体的な状況が分からない限り簡単に判断したり発言したりすることはできません。ただ一般論で言えば、まだ若く経験の浅い男性看護師が思春期の若い女性患者に対する時は、一人で抱え込み過ぎずにチーム体制で関わった方が良いと思います。

私の場合、男の子でも女の子でも、精神科に入院している、あるいは精神科の薬をまだ飲んでいる中学生や高校生くらいの思春期の子供のケアは、引き受けないことがよくあります。とてもデリケートで難しく、素人にはどうしようもないからです。それは、医師の領域だと思います。もし医師から頼まれれば、そのチームには入ります。でも、私がメインにはなりません。あくまでも、サポートするだけです。

これは、対象患者が大人の場合もそうです。精神科の領域は、私達素人には限界があります。

秋丸　少し意外です。髙木先生は、ケアであれば何でも引き受けられるのかと思っていました。

髙木　自分の限界を知ることは、とても大切です。私は、グリーフケアでもターミナルケアでも、自分にできることしかしていません。自分にできない医療は、医師や看護師など背後に控えている人達に任せられるからこそ、自分にできるケアに専念できるところもあります。

私達は、万能ではありません。自分を万能だと思ってケアに取り組むと、自死者を出したり、とんでもない事件に巻き込まれたりします。ケアの現場では、何もかも自分でできると思うのではなく、常に自分の限界を知った上で自分に何ができるかを考えることが必要です。

もちろん、ごく稀に超人的に一人で何でもする人もいます。また、自分の健康を害してまで他人に奉仕する人もいます。私は、そういう人達を尊敬しています。けれども、大半の人はそうはできません。ですから、そういう普通の私達は、多くの仲間達と一緒にできることをやっていきませんか、ということです。

私は、自分の限界を分かっているので、足りない部分を他の人達に補ってもらっています。また、自分が独りよがりになっていないか、相手に対して侵襲的になっていないかを指摘してもらうためにも、ケアにはチームが必要だと思います。

秋丸　髙木先生に憧れてケアの道を志す人の中には、髙木先生を過剰に理想化して、何でもできるスーパー・ウーマンのように思っている人達もいます。そういう人達は、自分も髙木先生のように何でもできなければいけない、自分がこの悲嘆者を全快させなければならないと、オーバーワークになりがちな気がします。ですから、髙木先生自身による「自分一人にできることには限界があります。ぜひ分担しましょう」という提言は、とても貴重だと思います。

髙木　そこは、ぜひ強調しておきたいと思います。

また逆に、精神科の医師から「この人に会ってください」とケアを依頼されることもあります。病気が良くなって社会復帰する前に、確認のためのケアを頼まれる場合です。自死未遂の人の場合は、特にそうです。病気が一過性のものだったのかどうか、社会復帰の前に本人に色々と話を伺い、私なりに答えもします。これも、分担です。

秋丸　その分担ですが、単に相手に面談する時は複数で立ち会う、という意味ではありませんよね。

髙木　はい。大切なのは、ケアされる対象者自身が会って話をしたいと思う人を複数用意しておくということです。ある日は髙木に話したい、また別の日は他の誰かに話したいという選択肢が、ケアを受ける側にあるということです。

チームで行うケアのポイントは、単に複数人で役割分担して関わるだけではなく、ケア対象者に「あなたのことを心配している人がこれだけいますよ」と、言外に伝わることなのです。私は、そういうふうに理解しています。

秋丸　その場合、例えば髙木先生がケア対象者にマン・ツー・マンで会った時に得た情報や検討事項などは、その後にチームで共有するのですか。

髙木　はい。定期的にチームの中で情報交換や意見交換をします。それは、とても大事です。一人で抱え込んでしまうと、実質的に一対一になってしまいます。チームだと、何か過剰に心配していても、「思い過ごしですよ」

などと指摘されて気付くこともできます。

秋丸　それに関連して、思い出したことがあります。

今後の望ましい医療の方向性として、精神科の岡田尊司医師が提唱する「医学モデルから愛着モデルへ」という考え方があります。[1] 例えば、素行に問題のある子供のケースで、本人にどれだけ投薬などの対症療法を行っても問題が改善しない場合でも、その子供の家族全体の愛着関係を修復することで事態がドラスティックに改善することがあるそうです。

これについて滋賀医科大学の室寺義仁教授と検討した時、考え方自体は治療やケアの方向性として正しいけれども、それを実践する場合には気を付けなければならない問題があると、室寺教授から指摘がありました。それは、ベテランの医師ならばともかく、経験の浅い若い医師の場合は、全てを一人で対応しようと気負うと危ないということです。つまり、対症療法も愛着修復もそれぞれ大問題であり、もし未熟な医師が一人でその両方を担当しようとすれば、時間と能力の面で限界が生じ、患者にとってかえって逆効果になるケースさえ考えられます。そうした場合には、医師はまず対症療法の専門家として対症療法に専念し、愛着修復の方はその専門家、例えば看護師やカウンセラーや教師や宗教家などに任せることも大切ではないか、ということでした。

これも、一人では限界があるから複数が役割分担して携わるということでしょうか。

高木　その通りだと思います。特に、悲嘆状態にある子供や、非行に走った、あるいは走りそうな子供をケアする時に、チームを組むのはとても大事なことです。

そうした場合、私がいつもチームを組むのは、精神科の医師です。次に、看護師です。特に、五〇代から六〇代の看護師には、子供の心や身体についての知識や経験が豊富で応用力のある人が多いです。そして、若い大学生達にも加わってもらいます。

チームで行うケアでまず大切なのは、チーム内相互の信頼関係です。たとえどれほど高名で有能な人材がいても、メンバー間相互に信頼関係が無ければチームとして機能しません。

次に大事なのは、子供との距離感です。その距離感が分からない人とは、チームを組めません。相手を理解しケアするためには、近過ぎても遠過ぎてもいけません。誰に対してもほどほどの距離感を保てることが、必要条件です。

また、その子供を無条件に愛することができるかどうかも重要なポイントです。それは、その子供を本当に尊敬し信頼しているかどうか、言い換えれば、その子に本当に希望を持っているかどうかです。

相手が大人でも子供でも、私はその人が必ず元気になるという希望を持って接します。そこから、相手の私に対する信頼関係も生まれます。

例えば、私は今にも自死しそうな人に、「大丈夫よ、あなたは元気になれるから」と言い続けます。それが、私の相手への愛情であり、尊敬であり、信頼であり、希望です。私にそう言われ続けたから、「死ねなかった。自殺ができなくなって、今になっちゃった」という人は、確かにいるのです。


秋丸　今髙木先生に伺った内容は、医療の現場のみならず、広く地域社会のケアにも応用できる気がします。例えば、ある人が死別を体験して、深い悲嘆に沈んでいるとします。その場合、その死別悲嘆者に対し、ある人は家族として、ある人は親戚として、ある人は友人として、ある人は同僚として、ある人は近所の人として、ある人は公的機関として、ある人は医師として、ある人は看護師として、ある人はカウンセラーとして、ある人はケア者として、ある人は遺族会の参加者として、関わっていく……。

誰も一人で全てを背負うことはできず、誰も相手のことを完全には理解できません。だから、ケアには、それぞれの立場でそれぞれの関わり方があって良いと思います。

各自が互いに信頼し合いつつ、その悲嘆者に対する愛情と尊敬と信頼と希望を持ち、適度な距離を保ち、チームワークで、すなわちそれぞれが役割分担して、自分のできる範囲で少しずつ相手に寄り添っていく。ケアを受ける側に選択肢を用意し、様々なグループ、様々な職能集団、様々な環境、様々な手段で、多様かつ多元的に互いにケアし合っていく。それが、望ましい社会のあり方ということでしょうか。

髙木　そうです。それが、とても大切です。

2　ケアにおける信仰心の重要性

秋丸　実際のケアの現場では、「死にたい」「相手を殺してやりたい」などと半狂乱になっている病的な悲嘆の人を、単独でケアしなければならない場面も多々あると思います。それを受け止めるためには、大変な気力や体力が必要だと思います。そのためには、ケア者にもケアが必要だと思いますが、髙木先生は自らどのようにケアなさっていますか。

髙木　人の悲しみや苦しみを聴くのは本当に辛く、とてもエネルギーを費やします。その後には、ドッと疲れも出てきます。それを回復させるためには、ケア者にもスーパーバイザー〔監督者〕が必要です。つまり、自らの悲しみ、苦しみ、辛さ、抱えている問題などを聞いてもらい癒される存在です。

秋丸　そうすると、「ケアに取り組むためのチーム」には、ケア者のスーパーバイザーも含まれるということでしょうか。

髙木　はい。ケア者にも自分をケアしてくれる人が必要であり、それは一人でも多い方が良いでしょう。そういう人達は、直接的にはケア対象者に関わらなくても、間接的なチームの一員と言えます。

例えば、グリーフケアの最前線で活躍しているある男性は、実姉がスーパーバイザー役だと話していました。また、一歳半の時に左手に大やけどを負った医師で細菌学者の野口英世を生涯支え続けた母親も、常に息子のスーパーバイザー役を果たしていたと思います。だからこそ、彼はハンディキャップを負いながらも大きな仕事ができたのだと思います。

実は、私も若い頃、皆さんによく「私にもスーパーバイザーがいらっしゃるのよ」と話していました。そして、当時はそこで説明をやめていました。その方が、皆さんにケア者にも現実のスーパーバイザーが必要であることを分かってもらいやすかったからです。

でも、私の本当のスーパーバイザーは、神様です。

秋丸　ああ……。

髙木　私にとってのスーパーバイザーは、私を理解してくださる存在です。私がエネルギーを吸い取られて疲れ果てた時に、「神様、どうぞ、この悲しみ、苦しみをお取り上げになって、お力をくださいませ」と話す相手なのです。それで、私は楽になります。そして、満たされます。そのお陰で、私はこれまで三六年間、倒れることなく仕事を続けられました。

私は、どんなに心身が痛くても、社会的にバッシングを受けたとしても、自分のスピリチュアリティが豊かならば全て受け入れることができます。逆に、一番私を苦しめるのは、良心がスピリチュアルペインを感じる時、つまり神様に顔向けできない時です。私は、どんな苦労をしようとも、スピリチュアルな面で満たされているなら全てOKと思っているのです。

ただ、もし「私のスーパーバイザーは神様です」と言えば、「グリーフケアに携わるには、宗教家にならなければならない」と早合点する人が出てくるでしょう。だから、私はこれまでこのことをあまり言わなかったのです。でも、私自身は生まれつき神様と向き合ってきた人間であり、それをアイデンティティとしています。この本では、できるだけ正直に本当のことを伝えたいと思います。

秋丸　それは、多くの人達が聞きたいところだと思います。

髙木　私は、自分のエネルギーを神様のものだと思っています。自分自身の力とは、全く思っていません。それが、正直な気持ちです。

実は、私は最近とても辛い思いをしました。それは、本当にとても辛い体験でした。でも、その辛さに耐えられたのは、祈り切ったからだと思います。本当に、思いを無にされる悲しみは底知れないという体験でしたが、今ではとても感謝しています。

毎日、私は朝と夜に、神様の恵みのもとに、自分に辛い体験を与えられた方達の幸福を心から祈っています。自分に辛い体験を与えられた方を赦すというのは、神様の恵みがなければ人間の力ではできないことです。私が他人を赦すことができるのは、神様に守られているからこそと感謝しています。

そして、私はその辛い体験を通して、これまで何十年もの間多くの人達の悲しみや苦しみに接してきましたが、まだまだ低いレベルでしか受け止められていなかったと分かりました。今、神様を通して、その人達全員に「ごめんなさい」と赦しを請うているところです。

今、私はグリーフケアの現場で、皆さんの悲しみや苦しみをこれまでよりも少しだけ深く共感できるようになったと感じています。ですから、苦しみには意味がある、何か次に役に立つことがある、と思わずにはいられません。


秋丸　高木先生にも何か悲嘆はあるだろうとは思っていましたが、想像以上に深淵な悲嘆と向き合われていることを垣間見た思いで驚いています。同時に、グリーフケアについてとても重要なポイントを示唆された気がします。

先程から、「神様」という言葉が出ています。そして、「赦す」という問題が出てきました。それでは、グリーフケアやスピリチュアルケアにおいて、宗教はどのように関わるのでしょうか。言い換えれば、宗教心が無ければグリーフケアやスピリチュアルケアには携われないのでしょうか。

これは、主に第5章（87頁参照）と第6章（119頁参照）で扱われた問題ですが、より詳しくお聞きしたいと思います。

高木　はい。

秋丸　まず、ここでの私の問題意識について補足します。

私はこれまで約六年間、髙木先生の傍でグリーフケアについて学び、自分なりに理解したことがあります。それを要約すると、「グリーフケア」の前提は「相手を丸ごと肯定的に受け容れること」、換言すれば「相手を無条件に全肯定すること」です。

実際に、人間は誰でも自分の存在を受け容れられたがっています。また、承認されたがっており、無条件に全肯定されたがっています。

髙木先生はよく、人間は誰でも無視されたくない本性を持っていることの例として、もし赤ちゃんを部屋に一人にすると、隣の部屋で話し声がするだけで泣き始めるという話をされます。その赤ちゃんは、お腹が空いたわけでも、おしめを取り換えて欲しいわけでもなく、ただ自分がここにいるのにそれとは関係ない話し声がするだけで悲しくなるのです。それは、自分の存在を無視されたように感じるからです。

髙木　はい。

秋丸　おそらく人間は、自己愛、自尊心、自己肯定感が損なわれると悲嘆を感じ、満たされると癒されるのだと思います。

この自己愛について、ユング派心理学の大家である河合隼雄先生や林道義先生などの発達心理学の本を読むと、人間が健全な自己愛を持ち健康に成長するためには、「母性愛」と「父性愛」の両方が必要だとされています。[2]

つまり基本的に、赤ちゃんはお母さんから存在を無条件に全肯定されます。赤ちゃんは、何か良いことをしたからではなく、ただそこに存在しているだけでお母さんから愛されます。

例えば、ミルクを飲んでも「まあよく飲めたわね」、お漏らしをしても「まあよく出せたわね」、寝ているだけでも「まあよく寝ているわね」と、何をしても愛される。分かりやすく言うと、これが母性愛です。

人間は、幼少期にこの母性愛の供給が不十分だと「基本的信頼感」（E・エリクソン／J・ボウルビィ）が形成されません。[3] つまり、自分を信じるためにはまず他者から愛されることが必要であり、それが欠損すると心身共に衰弱します。残念ながら、孤児の疾病率や早世率が高いことはよく知られている通りです。要するに、生物学上、人間は心身共に一人では生きられないのだと思います。

ところが、人間は母性愛のみでも十分ではありません。もし自分の存在が無条件に全肯定される母子一体感のままにとどまれば、人間は社会不適応になってしまいます。なぜなら、社会は常に母親のように自分の存在を無条件に全肯定してくれるわけではないからです。

社会に肯定されその一員となるためには、その社会のしきたりに自らを合わせる必要があります。それが、社会的な価値や規範であり、それにより優劣や善悪が分けられます。だから、社会では入学試験や入社試験で合否を判定されたり、犯罪者は罰せられたりするわけです。

この社会的な価値や規範への適応を教えるのが、父性愛です。つまり、母性愛のように子供が試験で一〇〇点でも〇点でも等しく可愛がるのではなく、より高い点を取ることを評価する愛です。また、母性愛のように子供が何をしても許すのではなく、善悪のルールを教える愛です。そうした父性愛が母子一体感から引き離し社会化させることにより、子供は健全な自己愛を抱いたまま社会に適応していくことができると言えます。

従って、この母性愛も父性愛もどちらも人間の心身の健康な発達に必要ですが、より根源的・先行的に必要なのは母性愛だと言えます。そして、他者を裁いたり評価したり批判したり否定したりするのではなく、丸ごと肯定的に受け容れて寄り添うグリーフケアは、この母性愛を相手に発揮することだと思います。

高木　はい。そうです。

秋丸　本書の第1章（15頁参照）に即して言えば、カウンセリングは父性愛、グリーフケアは母性愛が鍵になると思います。そうすると、カウンセリングは理性や論理を働かせ、グリーフケアは感性や情緒を働かせるということでしょうか。

高木　あらあら、秋丸先生は理屈っぽいですね（笑）。私は実践の中でそういうふうに切り分けたことは一度もありませんが、それぞれ何に重点を置くかということであれば、大体そう言えると思います。

秋丸　それでは、カウンセリングは、カウンセラーが介入してクライアントに問題を乗り越えさせる点で「能動態的ケア」であり、グリーフケアは、ケア者が支えることで悲嘆者が自ずから問題と向き合っていく点で「中動態的ケア」であると理解して良いでしょうか。[4]

高木　ケアの現場では、あまり言葉や概念に捕らわれてはいけませんが、心がけとして覚えておくならば、大体そのように考えて良いでしょう。

秋丸　実は、私は高木先生にとても大きな母性愛を感じます。多分、他の皆さんもそうではないでしょうか。実際に、高木先生は大勢の人達から慕われますが、それは高木先生がいつでもどこでも誰に対しても相手を無条件に全肯定しようとされている心構えが伝わるからだと思います。私見ですが、高木先生がよく「マリア様みたいだ。ただそこにいるだけで癒される」と言われる秘訣は、ここにあると思います。

ただし、高木先生をよく見ていると、相手を無条件に全肯定する母性愛が人一倍強いことは確かですが、決してそれだけではなく、要所で父性愛もきちんと働かせているように思います。

高木　はい（笑）。私は、カウンセラーから出発したケア者です。カウンセリングの技法を補完するものとして、グリーフケアを追求し実践しています。

秋丸　問題は、グリーフケアではこの母性愛を、自分の子供ならまだしも、赤の他人に発揮しなければならないことです。

高木　はい。そうです。

秋丸　例えば、私は傾聴が苦手です。我がままで努力せず甘えた人間と接すると腹が立つし、道徳に反する話を聞けばつい説教してしまいます。ルールを守らない人間やエゴイスティックな人間には、きちんと指導します。なぜなら、それを許すと他人に迷惑が掛かるからです。

しかし、そうすると大抵相手が反発し、殻に閉じこもられたり逆恨みされたりして、絶交に至ることもあります。結局、相手がただ離れていくだけで、問題は何も改善されません。これまで、たとえ正しい道理で論破したとしても、それで相手が本当に自分自身の非を認め悔い改めたことはほとんど無い気がします。

高木　相手をジャッジすれば、つまり裁いたり評価したり批判したり否定したりすれば、そうなります。

秋丸　すると極論すれば、グリーフケアでは、たとえ相手が殺人犯でもその存在を無条件に全肯定しなければなりません。あるいは、死への恐怖で恐慌状態にある終末期患者を、丸ごと肯定的に受け容れなければならないことになります。それは、普通の人間の感覚では恐ろしいことです。そんな過剰な博愛主義は、もはや人間業ではありません。おそらく、ここに人智を超える神聖な存在、つまり大いなるもの《サムシング・グレート》との関わりが出てくるはずです。

高木　はい。その通りです。

秋丸　何が、その「我慢の限度を超える忍耐」を可能にするのでしょうか。

高木　私はそれを「相手に対する尊敬と信頼」という言葉で言い表しています。

実際にケアの現場では、私も本当に嫌だと感じる話を聞かなければならないことがよくあります。「もう黙って」と遮りたくなることも、その場から逃げ出したくなることもあります。そういう時こそ、人間は神様や仏様の存在を信じざるを得ません。つまり、神様や仏様に頼り、「力をお与えください」と祈るのです。

そして、その場に自分がとどまれること自体、もはや私自身の力ではないと思っています。つまり、人智を超えた大いなるもの《サムシング・グレート》に力を借りるからこそ、私は終末期患者のベッドサイドに寄り添えるし、悲嘆者の傾聴もできると思っています。

ただし、そこで私が「神様」や「仏様」と言ってしまうと、宗教色が強くなり過ぎる気がします。必要なのは、宗教心ではなく信仰心です。

秋丸　その話は、基本的に他者の悲嘆をケアする場合ですが、もし自分が被害者の時はどうなのでしょうか。

髙木　人生には、時に自分が害されることがあります。しかも、もし自分にその危害を加えた人が分かっている場合、その人を赦すのは極めて難しいことです。人間としては、無理だろうと思います。

例えば、自分の家族を殺された時、その殺人者を赦すことはできないでしょう。人間の力では、赦せないと思います。その時にこそ出てくるのが、信仰心です。自分の力ではなく、人智を超えた大いなるもの《サムシング・グレート》に力を借りて赦すということです。

赦すとは、分かりやすく言えば、その人の幸福を祈るということです。悪を願うことは、神様が望まれません。しかし、自分を害した相手の幸福を祈ることは、人間には困難です。もしそれができるとすれば、私を生かしている神様が私の中にいるという確信がある時だけでしょう。だから、それは内面の信仰に関わる問題です。

秋丸　しかし、ケアの現場でそこまで危険なことは無いのでは……。

髙木　いいえ。ケアの現場には、危険も伴います。決して綺麗事ではありません。それでもケアに取り組むというのは、大いなるもの《サムシング・グレート》への確信がなければできません。大いなるもの《サムシング・グレート》への信頼があるからこそ、相手に対する信頼もあるのだと思います。

元々、グリーフケアやスピリチュアルケアは、宗教家が主に担当していました。私の考えるスピリチュアルケアの基本形は、カトリック教会における「ゆるしの秘蹟」です。神の代理としての司祭が懺悔《ざんげ》を聴いて、「あなたを赦します」と告げるものです。ですから、根本的に言えば宗教家がする仕事です。

秋丸　それでは、宗教家でなければグリーフケアやスピリチュアルケアには携われないのでしょうか。

特に髙木先生は、一六世紀のキリスト教伝来以来、迫害され殉教しても信仰を捨てなかった「隠れキリシタン」をルーツに持ち、幕末明治に発生したキリスト教大迫害事件の「浦上四番崩れ」でも信仰を守り抜いた髙木仙右衛門の曾孫に当たります。[5] そして、何代も続くキリスト教徒の家系であり、家族全員がキリスト教の信者です。そうした筋金入りの宗教家でなければ、グリーフケアやスピリチュアルケアには携われないということでしょうか。

髙木 そんなことはありません。「筋金入り」であるかどうかにかかわらず、もし宗教家でなければグリーフケアやスピリチュアルケアに携われないのならば、私は上智大学グリーフケア研究所も日本スピリチュアルケア学会も創設しなかったでしょう。

確かに、髙木と同じことがしたければ、髙木と同じ信仰心を持ちなさいと言わなければなりません。しかし、私と同じことをするためには、私と同じようにキリスト教徒でなくても構いません。また、別の宗教に入信していなくても構いません。大切なのは、その人が大いなるもの《サムシング・グレート》の慈悲や慈愛をどれくらい自分のものにしているかだと思います。

秋丸 再確認すると、宗教心ではなく、信仰心が「スピリチュアリティ」ということでしょうか。

髙木 そうです。ここでいう「信仰心」とは、その信仰心が何か特定の宗教の形になった「宗教心」ではなく、宗教を知る前から全ての人間が普遍的・根源的に持っている心のことです。つまりそれは、この物理的世界を超える次元の領域があることを信じる心であり、人智を超えた大いなるもの《サムシング・グレート》を信じる心、あるいはその神聖な存在が何でありどのような姿かたちなのか明確でなくともボンヤリと認めるような心と言えます。

私達人間は誰でも、宗教にかかわらず、より普遍的で根源的なレベルにおいて、大いなるもの《サムシング・グレート》をキャッチする内的感性を持っています。より詳しく言えば、その大いなるもの《サムシング・グレート》の慈悲や慈愛を感じ取る能力を持っています。その信仰心が、スピリチュアリティです。

ですから、日本スピリチュアルケア学会は、当初からその設立趣旨で「すべての人々がスピリチュアリティを有している」と唱《うた》っているのです。これが、私の日本スピリチュアルケア学会の創設における絶対に外すことのできない前提でした。

秋丸　そのスピリチュアリティを生かすのが、「スピリチュアルケア」ということですね。

髙木　そうです。スピリチュアルケアは、やはり人智を超えた大いなるもの《サムシング・グレート》を媒介しない限り、本当の意味で心から実感することはできないと思います。人間同士のレベルのケアでは、スピリチュアルペインを全て無くすことはできないのではないでしょうか。

例えば、良心の痛みに苦しんでいる人へのスピリチュアルケアの場合を考えてみましょう。

私は、相手の罪悪感について話を聞いてもそれを咎めません。それは、その人が既に罪悪感に苦しんでいるからです。その苦しんでいる人を、さらに「あなたは悪いことをしています」と責めて苦しめることはできません。

私は、たとえ犯罪者であっても、その人が少しでも楽になり、安心し、幸福になって欲しいと願います。もし慈悲や慈愛の心が無ければ、私はその相手を「赦すことはできません」と裁くことになるでしょう。ですから、人間が相手を赦すためには、慈悲や慈愛の心が必要です。そして、それは大いなるもの《サムシング・グレート》への信仰心に基づいているのです。

私の信じている大いなるもの《サムシング・グレート》は、慈悲深く慈愛に満ちた存在です。ですから、良心の痛みに苦しむ人をさらに責めたり裁いたりして苦しめるのではなく、その人が少しでも楽になり、安心し、幸福になることを望んでいます。ですから、私も同じように望むのです。

自分の悪事を後悔して苦しんでいる人、つまりスピリチュアルペインを抱えている人は、そのままでは苦しみ続けます。しかし、「そうですよね。お辛いですよね」と尊敬と信頼の心で丸ごと肯定的に受け止められ共感された時、その人は存在を無条件に全肯定されたように感じて癒されます。まず、これがスピリチュアルケアです。

また、その人はその癒しで得た活力により、自分の苦しみに向き合い、その原因に気付き、それを自分自身で何とかきちんと解決すると思います。それにより、本人の罪悪感や良心の呵責が解消されます。これも、スピリチュアルケアです。

さらに、もし終末期患者のように自分自身で未解決な良心の苦しみの解決に取り組む自由がない場合には、その人の意を汲んでその解決を手伝うこともできます。そして、それさえも難しい時には、ただ自分のスピリチュアリティを通じて相手のスピリチュアリティを目覚めさせ、大いなるもの《サムシング・グレート》の慈悲や慈愛は決して誰も見限るはずがなく、自分は必ず赦されるという実感を促して、未解決な良心の苦しみを解消させることもできます。これもまた、スピリチュアルケアです。

また、不条理に苦悩している人、つまりスピリチュアルペインを抱えている人も、そのままでは苦しみ続けます。しかし、同様に尊敬と信頼の心で丸ごと肯定的に受け止められ共感された時、その人は存在を無条件に全肯定されたように感じて癒されます。これも、やはりスピリチュアルケアです。

そして、自分のスピリチュアリティを通じて相手のスピリチュアリティを呼び覚まし、大いなるもの《サムシング・グレート》の慈悲や慈愛は決して誰も見捨てるはずがなく、この苦難には必ず自分や世の中を向上させる意味があるという納得を促して、未解決な不条理に対する苦悩を解消させることもできます。これもまた、スピリチュアルケアです。

秋丸　長年、臨床現場でケアを実践されてきた髙木先生の言葉には、説得力があります。

髙木　また、死別悲嘆に苦しんでいる遺族へのスピリチュアルケアの場合を考えてみましょう。

「死んだ人にはもう二度と会うことができない」と悲嘆している遺族には、「お辛いですね」と声を掛けるだけでもその人の気持ちは少し楽になると思います。

ただし、そこから次のステップに進み、その遺族が故人は今も幸せに存在しているという安心感を得るためには、大いなるもの《サムシング・グレート》が常に私達を見守っていて、その慈悲と慈愛により、私達は誰でも無条件に次の次元の幸福な世界へ導かれるという信仰心が必要です。それにより、遺族の悲嘆は和らぎます。これも、スピリチュアルケアです。

さらに、消滅恐怖に苦しんでいる終末期患者へのスピリチュアルケアの場合を考えてみましょう。「死んだら消えて無になる」と絶望している終末期患者には、もはや何を言っても慰めにはなりません。

それでも、何とか状況を改善し、その終末期患者が自分はこれからも幸せに存在するという安心感を得るためには、同様に、大いなるもの《サムシング・グレート》が常に私達を見守っていて、その慈悲と慈愛により、私達は誰でも無条件に次の次元の幸福な世界へ迎え入れられるという信仰心が必要です。それにより、終末期患者の恐怖は和らぎます。これも、スピリチュアルケアです。

死別悲嘆者でも終末期患者でも、私が「死の先に、次の世界があります。次元が違います。それは幸福な世界なのよ」と伝え続けると、相手も「なるほど。私は辛くて堪らなかったけど、どうも次の世界があるんだな」と思い始めます。たとえ、それまでその人が信じていなかったとしても、次第に大いなるもの《サムシング・グレート》の存在に気付き始めるのです。それは、誰の中にも大いなるもの《サムシング・グレート》を信じ、その慈悲や慈愛を感じ取る能力、すなわちスピリチュアリティが備わっているからだと思います。

要するに、死に関わるケアの現場では、人智を超えた大いなるもの《サムシング・グレート》の慈悲や慈愛への信仰心としての自分のスピリチュアリティが、相手にもそうしたスピリチュアリティを覚醒させ、来世の幸福や再会の希望を生み出すのです。そしてそれが、現世の人間の次元にとどまっていては解決できない、死に関わる深刻な悲嘆や恐怖を少なからず癒すのです。

秋丸　今伺った内容には、とても論理的な一貫性があると思います。特に、自分が害された時や死に関わる時の悲嘆では、スピリチュアルケアが大切だということがよく分かります。

髙木　それは、自死願望者へのスピリチュアルケアの場合も同様です。

私は、「自殺したい」と言う人に、毎日電話することがあります。すると、「なぜあんな我がままな人に毎日電話するんですか。もう死んで構わないじゃないですか」と、私に「助言」する人もいます。私の考えは、違います。少しでもその人の力になれるなら、やはり電話をして、一日ずつその人の生命を延ばしていくことを目指します。そうすることで、その人が自立して自分の力で生きていけるようになる日を待つのです。

ですから、慈悲や慈愛の心無しに自死願望者へのケアは困難です。そうしたケアの現場では、時に相手にイライラさせられたり、自分でもどうしようもなく辛い心理状態になったりします。その時、人智を超えた大いなるもの《サムシング・グレート》、つまり神様や仏様はこの人をどのように見守っているのだろうかと考えると、自分も慈悲や慈愛の心で受け容れる以外にありません。そして、そういう人が一人でもいれば、その相手は生命が続くのです。

この慈悲や慈愛の心、言い換えれば「相手に対する尊敬と信頼」は、ケアの現場に限らず、人に接する時はいつでもどこでも誰に対しても持つべき心構えです。そして、その力は大いなるもの《サムシング・グレート》から授けられるのであり、そのためには信仰心としてのスピリチュアリティが必要なのです。

秋丸　だから、その場合のスピリチュアリティは特定の宗教に限らないわけですね。

高木　そうですよ。宗教にこだわっていたら、本物の宗教家ではありません。それは言い切ります。自分の宗教にこだわるのは相手の宗教を無視することですから、そんなチマチマした宗教家はいりません。

ですから、私はキリスト教徒ですが、上智大学グリーフケア研究所を創設した時、宗教にはこだわらなかったのです。実際にこれまでの講師陣は、カトリックの神父はもちろん、プロテスタントの牧師、神道の神主、仏教の僧侶、さらに特定の宗教に入信していない人などで構成しました。

また、臨床現場で実際に悲嘆者のケアに携わる人を養成するために、ケア者、カウンセラー、宗教家、医師、看護師、臨床心理士、ソーシャルワーカーなどのベテランの実践家を集めると共に、それを学問的に補佐するために、宗教学、死生学、哲学、倫理学、心理学、教育学などの一流の学者を揃えてきました。

上智大学グリーフケア研究所は、これからも寛容と多様性を担保しつつ、私の志や創設理念を発展させていって欲しいと思います。

要約すると、全てのケアの基礎であるスピリチュアルケアには、人智を超えた神聖な存在である大いなるもの《サムシング・グレート》への信仰心が必要ということになります。ケアの現場において、我慢の限界を超える忍耐力を発揮して、相手を愛し、尊敬し、信頼し、相手に希望を持ち、相手を赦し、相手の幸福を願うことは、人間の力だけではできません。究極的には、大いなるもの《サムシング・グレート》に力を借りるからこそそれができると、私は思っています。

そうした信仰心を何と呼ぼうと、大いなるもの《サムシング・グレート》への信頼があれば良いのです。逆に言えば、それさえしっかり持っていれば、何か特定の宗教に入信していてももちろん構いません。

そして、たとえ今はそういう信仰心に目覚めていなくても、ケアの現場でできることはいくらでもあるはずです。ケアにおいては、それぞれが自分のできる範囲でできることをすれば良いというのが、私の基本的な考え方です。

秋丸　とても、よく分かりました。

髙木　秋丸先生には、信仰心があるようですね。

秋丸　本職の宗教家に比べれば口幅ったい限りですが、周囲からはある方だと言われます。何となく、西行の伊勢神宮での「何事のおはしますをばしらねどもかたじけなさに涙こぼるる」という感覚は分かる気がします。

実際に、私は神社でも寺院でも感謝の気持ちで手を合わせますし、儒教の先祖供養の教えを大切にして墓や仏壇もお参りしています。キリスト教会でもお祈りしますし、聖書の「汝の敵を愛せよ」や「黄金律」（自分が相手にされたいことを相手にもせよ）、さらに「ゆるしの秘蹟」などには強い共感を覚えます。そして、いわゆる新霊性運動にも関心があります[6]。

実は、これまで誰にも話したことはありませんが、本当は物心付いた時から毎晩寝る前に、天に「今日も一日、見守っていただきありがとうございました。明日も、素晴らしい一日でありますように」とお祈りしています。

しかし、特定の宗教には入信していませんし、神社仏閣で願い事をすれば大体期待外れの結果になるので、「神仏を尊んで神仏を恃《たの》まず」（宮本武蔵）を信条にしています。

ただ、私のこれまでの人生の実感として、日々の生活の中で、自分を見ても他人を見ても、良心に反することをすれば必ずその報いを受けるし、逆に良心に則っている時は窮地にも救いがあるように感じています。その厳密性については、「天網恢恢《てんもうかいかい》疎にして漏らさず」（老子）だと思っています。

同様に、これも今までほとんど誰にも話したことはありませんが、子供の頃に一度、「宇宙が喜ぶことをするのは良いことだ」と直観し、内宇宙と外宇宙が照応して、「至高体験」（A・マズロー）あるいは「大洋感情」（R・ロラン）を経験したことがあります。

これに関連して、以前新聞の投書欄で、子育てが終わったある年配の女性がベランダに座って夜の星空を眺めていた時に、突然「愛されて生かされている」と直観して、深淵で神秘的な幸福感に包まれたという話を読んだことがあります。

この二つは特殊な至高体験で分かりやすい例ですが、私自身は毎日の生活の中で、ささやかながらこれに似たことを少しずつ経験しているように思います。

つまり、何か嬉しいことはもちろん、悲しいことが起こった時にも、「これは偶然ではなく必然だ。私に与えられた課題であり修行だ。今、天が私や世界がより良くなるように取り計らってくださっている」と感じることがよくあります。おそらく、人にはそれぞれこの世で担うべき役目があり、起こったことには必ずその人にとって必要な意味があるのだと考えています。

高木　それが、人智を超えた大いなるもの《サムシング・グレート》への信仰心ということですよ。特に、普段の日常生活の中で、大いなるもの《サムシング・グレート》の慈悲と慈愛を感じ、恵みと幸福を受け取っているところがとても良いですね。

私はキリスト教徒ですから、神様が大いなるもの《サムシング・グレート》だと思っています。けれども、それはそれぞれ自分自身が信じるもので良いのです。

私は、自分が信じている神様が私を使い、使われた私が人様に神様からのエネルギーを渡していると思っています。それが、神様から私に与えられた使命だと思っているのです。

3　本書の内容についての質問

秋丸　本書の内容について、もう少し髙木先生のお考えを聞かせてください。

まず、第2章の「七年間交際した末に裏切られた女性」（38頁参照）についてです。彼女は、最後に「髙木先生は、私の話を聞いてくれただけだったけど……」と言っていますが、これは身の危険さえ感じつつ必死で向き合ってくれた髙木先生に対して、ちょっと恩知らずではありませんか。それとも、照れ隠しだったのでしょうか。

髙木　秋丸先生は、ちょっとジャッジの心が強いですね（笑）。

これは人それぞれの感性だから、これで良いのです。この女性は、その時に「髙木先生、ありがとう。髙木先生、ありがとう」と泣きながら私に抱き付いてきました。だから、彼女と私の間ではこれで全部分かります。それが、深い信頼関係であり、深い愛情と尊敬というものです。それに、気持ちを一つひとつ言葉にするのはなかなか難しいものですよ。[7]

秋丸　それでは、第3章の「お兄ちゃんのオヤツを食べちゃったA君」（57頁参照）についてです。髙木先生が「美味しかった？」と聞いた時、なぜ「沈んだ顔」が「パッと明るく」なったのですか。

髙木　これは大人に対してもそうですが、ケア者はともかく相手に恐れを抱かせてはいけないと思います。あくまでも、「あなた側の人間」であることを示さないといけません。特に、子供の場合はそれが大切です。

このA君は、見知らぬ私の後ろをついて来ました。ということは、最初から修道服姿の私の雰囲気に何かを感じてくれていたわけです。だから、私も「どうしたの？」と優しく尋ねました。すると、彼は自分から「お兄ちゃんのオヤツを食べちゃった」と打ち明けるわけです。これが、ものすごく大事なことなのです。ここで、既に私を信頼してくれているわけです。

そして、私もそれに対して「ダメよ」なんて決して言いませんでした。一つも否定の言葉は使わないで、「美味しかった？」と聞きました。ですから、彼も明るく「美味しかった！」と答えるわけです。もう、パッとその子の心が開かれて、後は何でも話してくれるわけです。

秋丸 髙木先生は、まずA君の「禁断の果実」の美味しさに共感したわけですね。そこでA君も、髙木先生を、敵ではなく味方だ、仲間だ、僕を理解してくれる人だと思ったのだろうと思います。

そうすると、第3章の「人を殺した一七歳」の少年（63頁参照）の時も、髙木先生がまず「正直に話してくれて、ありがとう」と感謝したから心を開いてくれたということでしょうか。

髙木 そうです。この少年は、もう十分に自分で自分を責めていました。その上さらに、他人から責められたいでしょうか。

人を殺したと口にするのは、本人にとっても非常に勇気のいることです。だから、まず私はその勇気を彼に感謝しました。そして、人を殺したら身体が震えて当然よねと、彼の罪悪感にも共感しました。つまり、私は彼を尊敬と信頼の心で一人の人格として扱い、私は味方であり、あなたは受け容れられている存在ですと、さりげなく伝わるようにしました。それで、彼は私に安心し、その後も心を開いて話してくれたのです。やはり、人には安心してもらうことがとても大事だと思います。

秋丸 特にこの場合、この少年は自分がこの世の全員から非難され罰せられると怯えていたはずなので、髙木先生の優しい言葉と態度は本当にとても嬉しかっただろうと思います。

続いて、第3章の「赤ちゃんができた大学生」のカップルについてです（64頁参照）。うがった見方をすると、この二人は、髙木先生から赦してもらえると最初から期待していたのではありませんか。

高木　そうですね……。彼らは最初、本気で赤ちゃんを堕ろそうと考えていました。だから、誰かにさんざん叱られて、自分達は悪いことをしたから悔い改めねばならないんだと、涙を流して中絶する気持ちだったと思います。最初に、「どうして私のところに来たの？」と尋ねたら、「高木先生ならハッキリと道理を教えてもらえると思ったから」と言っていました。二人とも、私の勤める大学の学生だったのです。

ただ、確かにその懺悔の相手に私を選んでいるところはポイントかもしれませんね。彼らにとって結果は想像と違ったと思いますが、最初に何となくこの人なら正しい方向を教えてもらえると感じるから、私を選んでくれたところはあると思います。つまり、見るからに修道女である私にわざわざ相談にやってくるということは、既に本人達が罪の意識を自覚し、良心の告白を受け止めて欲しいのだと思います。やはり、そういう人達には自分で自分の問題を解決する見込みがあります。

秋丸　この時も、高木先生は「おめでとう。良かったわね！」から入られていますね。

高木　私は、素直にそう思ったからそう伝えたのです。この二人も、本心は誰かにこう言って欲しかったのだと思います。

秋丸　高木先生は、大体いつも悲嘆者に対して「お辛かったわね」から入られますね。

高木　相手に信頼して心を開いてもらうためには、まず安心してもらうことが大切です。

秋丸　高木先生のケアの姿勢は常に一貫していることが、とても印象的です。

高木　私はこの年になるまで、辛い時にこうしてもらったら嬉しいという経験を一杯してきました。その自分が嬉しいと思ったことを人様にしていく、それが人生経験の重み、宝ですよ。

逆に、自分がイヤだなと思ったことは人にもしたくありません。私達は、何か失敗したり悪いことをしてしまったら、それは重々自覚しているわけです。それを、第三者から「失敗したでしょ」「悪いことしたでしょ」と言われたら嬉しくないでしょう。私は、自分がそれはイヤだから相手にもしたくないのです。

私自身は、自分がしてもらって嬉しかったことをしよう、自分にとって嫌だったことはやめよう、それを自分の一本の道として選んできたつもりです。特に、ケアにおいては、普通ならジャッジすべき時こそジャッジしないように気を付けるべきではないでしょうか。

秋丸　普通なら、社会人は、特に大人の男性は、相手の間違いや悪いところを指摘したり正しく指導したりするのが務めであり、相手に対する愛情だと思っています。でも、それではケアにならないわけですね。

高木　その通りです。確かに、社会人としてはそれが必要な時や場面があります。しかし、責任ある立場の場合、自分の感情に負けて相手を「怒る」のは、その人の弱さでしょう。それでは、ケアになりません。

秋丸　次は、改めて第2章の「悲嘆」についてです（23頁参照）。

このテーマについては、まだまだ数多くお考えがあると思いますが、その中でも特に補足があれば一つだけお願いします。

高木　日本は「災害大国」であり、被災者の悲嘆をどうケアするかは国全体の課題だと考えています。

特に盲点になりやすいのが、被災者同士がケアする場合です。大災害直後は、被災者が別の被災者の救援に当たることもよくあります。災害による突然の喪失体験は、誰に対しても凄まじい悲嘆をもたらします。ただでさえ自分も悲嘆を抱えている被災者の場合、心身の健康に十分に配慮しなければ、他者を救援する際に感情移入によりさらに大きな精神的ダメージを受ける可能性があります。私は、そのことには十分に留意する必要があると思っています[8]。

秋丸　同じく第2章の「時薬《ときぐすり》」についてです（32頁参照）。

ここでいう「時薬」は、悲嘆者において「一定の決まった時間」ではなく、その人にとって必要な量の時間」の「経過に従って」悲嘆が少しずつ和らいでいく、ということだと思います。これは、ただ時間の経過に任せておけば何もしなくても自動的にそうなるのでしょうか。それとも、悲嘆者自身が何かをするべきなのでしょうか。

髙木　本当に全く何もしなければ、悲嘆者の悲嘆はそのままずっと続きます。ですので、何かをすることがその時薬の前提になります。

まず、その悲嘆を人間同士のレベルで誰かに受け止めてもらう時間が必要だと思います。また、人智を超えた大いなるもの《サムシング・グレート》の慈悲と慈愛に対する信仰心を磨いていく時間が必要だと思います。さらに、「その人自身が話をしたり、ものを書いたり、歌ったり、色んなことをすることを通じてどんどん昇華していく」時間も必要だと思います。

秋丸　次は、第5章の「スピリチュアルケア学会の創設」時のことについてです（102頁参照）。

当時の日本では、一九九五（平成七）年のオウム真理教（当時）事件以後、世間から宗教は全て危険でいかがわしく胡散臭いものとバッシングされていました。その一方で、巷では精神世界ブームが隆盛して、霊能力や占いなどの非科学的なものが「スピリチュアル」としてもてはやされていました。

すると、髙木先生が日本スピリチュアルケア学会の創設に動き始めた二〇〇三（平成一五）年頃は、「スピリチュアル」は二重に拒否反応を招きかねない「危ない」言葉だったのではないでしょうか。

髙木　全くその通りです。オウム真理教事件後は、宗教が世間からタブー視されているのを、私は敏感に感じていました。私はいつも修道服を着ていますから、街を歩くとイヤな顔をされることもたびたびでした。世間一般に、かなり根深い宗教アレルギーがあり、宗教的な話が嫌がられていることは皮膚感覚で分かっていました。

その一方で、宗教という名を語らずに、占いとかまじないとか何か現世利益的なものがすごく時代にはびこっていたと思います。私にとって、「スピリチュアル」という言葉は、とてもとても大事な言葉なのです。「それを汚さないで」と言いたい気持ちもありました。

ですから、私は「本物を探しましょうよ。私達は、欲で動くのではありません。私達は、真理や本物を求めて動きませんか」と、社会に提起したかったのです。それが、私の日本スピリチュアルケア学会の創設を支える信念と使命感でした。

秋丸　高木先生はあまり自分の苦労話はされませんが、当時宗教者が置かれていた針のむしろの状況や、学会創設までに費やした長い年月から考えれば、高木先生がそうした敵意や無理解を一つひとつ乗り越えていく過程は、常人には考えられないほど大変な苦難であり、そこにはとても強い持続的な信仰的情熱が秘められていたと、私は想像します。

次に、高木先生は本書で、「スピリチュアルペインは誰もが幼い時から持っていて、決して終末期特有の苦痛ではない」と何度も強調されています。これには、何か理由があるのでしょうか。

高木　スピリチュアルペインを、終末期の死への恐怖、つまり存在消滅の恐怖と見て学問的に研究するのは良いことです。ただし、スピリチュアルペインをそれだけに限定してターミナルケアの臨床に適用すると、様々な罪悪感や良心の呵責、さらに様々な不条理に対する苦悩としてのスピリチュアルペインが見過ごされ、結果的に終末期患者の心身の状態が悪化するケースが多々あるのです。ケア者には、より深い自他洞察が必要です。

ケアをしているつもりで、相手を傷付けるようなことがあってはいけません。ですから、私はくどいほど「良心の痛みや信仰心の痛みとしてのスピリチュアルペイン」があり、それらは幼い時から誰でも持っていると繰返し説明しているのです。そして、それらは常日頃からケアされるべきなのです。

秋丸　確かに、それは大切な問題だと思います。

ところで、第6章の「ありがとう」「ごめんなさい」「また会いましょう」という心を安らげる三つの言葉（134頁参照）は、『ホ・オポノポノ』（二〇〇八年）における執着心をクリーニングする四つの言葉「ありがとう」「ごめんなさい」「許してください」「愛しています」に似ていますね。[9] また、常に会話の際に肯定から入るのも、デール・カーネギーの『人を動かす』（一九三七年）を連想させます。[10]

高木　私はそれらについて詳しくありませんが、真理は根源で通じているということでしょう。

秋丸　最後に、第1章でケア者の説明のところで出てくる「悲しい時は悲しんで良いんですよ」という言葉（16頁参照）に関してです。私の友人で写真家の勝又公仁彦氏が、妹を亡くして深い悲嘆に陥り、自分で自分がよく分からない心理状態で苦しんでいた時に、手に取って読んだ髙木先生の著書のタイトル『悲しんでいい』という言葉に救われたと話していました。[11]

髙木　とてもありがたい感想です。拙著が役立っていることを知るのは、私にとって大きなケアになります。

4　「喪の仕事」と「絆の継続」

秋丸　グリーフケアの基本概念として、「喪の仕事」があります。

この「喪の仕事」は、学術用語としては精神分析の創始者ジークムント・フロイトが「喪とメランコリー」（一九一七年）で提唱したものです。おそらく、グリーフケアの現場でこの語が用いられないことは一日もないほど、ポピュラーで重要な概念の一つです。

ところが、この学術用語としての「喪の仕事」には大きな問題があります。実は、この「喪の仕事」が何を指すのか曖昧で不明確なのです。時々、全く正反対の意味で用いられることさえあります。つまり、ある人は「死んだ人のことは忘れるべきだ」という意味で用い、また別の人は「死んだ人のことは忘れないべきだ」という意味で用いています。

この混乱の原因の一つは、学術用語としての「喪の仕事」がドイツ語からの翻訳（時には英語からの二重翻訳）であることです。フロイトが用いた独語原文「トラウェルアルバイト（Trauerarbeit）」の「トラウェル」は、「喪」だけでなく、「喪」も含むより大きな「悲哀」という意味です。だから、本来これはむしろ「悲哀の仕事」と訳すべき用語です。それを、日本では「喪」に意味限定し、しかも伝統文化的な日常語でもある「喪の仕事」と訳すので、まず混乱するわけです。

また、日本でこのフロイトの「喪の仕事」概念を最も広めたのは小此木啓吾先生の『対象喪失』(一九七九年)だと思いますが、小此木先生自身が意図的にフロイトの原義をあまり強調せずに紹介していると思われる問題があります。つまり、フロイトは「喪の仕事」を「喪失による悲しみや苦しみを一つずつ受け入れ、喪失した愛着対象を完全忘却する過程」の意味で用いていますが、多分小此木先生はこれを前面的に押し出して日本に広めるのは不適切と考えられたのではないかと推測します。なぜなら、人は愛する故人のことを完全に忘却しようとすればするほど、逆に病的悲嘆に陥りやすいからです。普通に読めば、『対象喪失』では、フロイトの「喪の仕事」が「喪失の悲しみや苦しみを一つずつ受け入れ、喪失した愛着対象を穏やかに思い出すことができるようになる過程」であるように解釈できる余地があり(「このような悲哀の仕事を経た上で、心に残るよい思い出は、自然な思慕の情の所産である」[12]等)、おそらく多くの読者はこの概念をそのようなものとして受容したのではないかと思われます。実際に、小此木先生は『対象喪失』の前書きで、「対象喪失は、いまや現代精神分析の主要な研究領域になっているが、私は付記に概説したような諸理論をあえて背後に退け、自由連想の流れにまかせて、思い浮かぶままに執筆した[13]」とエクスキューズを入れています。

さらに、そもそも喪失した愛着対象は完全に忘却すべしというフロイトの「喪の仕事」理論自体が、かなり乱暴であやふやです。実は、フロイト自身も「喪とメランコリー」の冒頭で、この理論は仮説であるという旨の留保を入れ、[14]「私達はどのような経済論的方法によって喪がその仕事を完遂するかを言うことさえできない[15]」と認めています。何よりもまず、フロイトは二年以上続く悲嘆は病的と見なしていますが、フロイト自身が亡くなった自分の娘との死別悲嘆に九年後も苦しんでおり、自ら自説の不完全さを証明しています。

ここで、なぜこれらの問題を改めて取り上げるかというと、現在の日本のグリーフケア研究は欧米とのねじれが生じているからです。というのは、現在の欧米のグリーフケア研究の主流は「絆の継続」理論であり、これは

「死んだ人のことは忘れないべきだ」という考え方ですが、これにはフロイトの「喪の仕事」理論への反発という学問的背景があります。[16]しかし、日本ではフロイトの「喪の仕事」概念がむしろ「絆の継続」理論の意味で広まって定着してしまっているので、研究上も実践上も混乱が生じているわけです。

私自身は、「喪の仕事」という言葉は、古来日本の文化的伝統では「死んだ人のことは忘れないべきだ」という意味の日常語として用いられているので、その指し示す内容を改めてきちんと学問的に「絆の継続」の意味で再定義し、社会に提供していく必要があるのではないかと考えています。この問題の詳細については、第8章を参照してもらえればと思います（189頁参照）。

髙木　現在のグリーフケア研究の動向と課題について、非常に分かりやすい説明です。

秋丸　いずれにしても、欧米でも日本でも現在のグリーフケア研究の主要な関心は、「絆の継続」、つまり遺族が故人との精神的関係をいかに結び直すかが焦点になっています。ところが、現実社会ではそれとは正反対の動きがあります。

例えば、現代日本社会では、葬式が簡略化される状況が生じています。つまり、かつてのような故人の知り合い全員を集めるような葬式から、「家族葬」、「直葬」、「ゼロ葬」など、参列者の規模がどんどん縮小されていく傾向があります。論壇では、葬式必要派と葬式不要派が日本を二分しています。[17]

また、近代化が進むにつれて、葬送の自由化が進み、「散骨」などの新しい葬送形態が増えると共に、「寺院消滅」や「墓じまい」などの伝統的な葬送形態の解体の問題も生じています。[18]

こうした死別後のグリーフケアを巡る問題は、近年急速に社会の関心を集めています。例えば、秋川雅史氏のシングル「千の風になって」（二〇〇六年）や、滝田洋二郎監督の映画『おくりびと』（二〇〇八年）が話題を集めたことは記憶に新しいところです。また、二〇二五年には「団塊の世代」が全員七五歳以上の後期高齢者になるために、現在「終活」に関する様々な議論が社会を賑わせています。

葬式や供養について言えば、確かに長引く不況や少子化という現実があり、簡略化すれば色々と合理的です。しかし気になるのは、そのことで愛する人を亡くした遺族の心身に様々な悪影響があるのではないかという問題です。

つまり、もし伝統的な葬式や供養が先人達のグリーフケアの知恵であり、大勢の人達の死別悲嘆を癒していた文化的セーフティネットだったとすれば、それらが衰退することで人々の死別悲嘆が癒されにくくなるのではないかと考えられます。その場合、死別悲嘆は深刻化し長期化していく恐れがあります。

こうした「絆の継続」の問題について、髙木先生のお考えを教えてください。

髙木 死別悲嘆に苦しむ遺族にとって一番大事なのは、亡くなった人との絆の再構築である、と私自身は考えています。

基本的に、遺族の死別悲嘆は、故人が幸福な来世に行き、そこから見守っていて、いつかまた会えると信じることで癒されます。そのため、遺族は死別により一旦切れてしまった故人との絆を結び直すことが大切です。その場合、今世の故人の肉体は消滅しますから、その絆は来世の故人と心の中で再び結ぶことになります。そこが死別悲嘆に対するグリーフケアの一番大事なところであると、私は思っています。

しかし、本性上、人間は目に見える具体的な対象でなければなかなか実感を持ちにくいものです。そのため、そうした私達が故人との精神的絆を毎日の生活の中で実感するためには、何か具体的な事物が必要です。それが、葬式や供養だと思います。

この世に残る私達にとって葬式や供養は、亡くなった人が私達の身近にいて、私達の中に生き続け、向こうの世界でも幸福に生き続けていることを具体的に確認する行為だと思います。ですから、私は葬儀をしないとか墓や仏壇が要らないという考えの方がいずれ廃れていくと思います。

実際に、墓が存在しないと、遺族がこの世で故人に具体的に再会する場が無くなります。例えば、私は故人の希望で散骨をした人を何人も知っていますが、遺族によればその結果「手を合わせるところが無くなった」そうです。それで、ある遺族があまりにも嘆き悲しまれるので、船を出して散骨した小さな島の近くに行き、そこの水を汲んで帰ってきたことがあります。おかしな話でしょう？

散骨したら、手元には何も残りません。また、最近は仏壇の無い家庭も多いです。そのため、遺族は日々の生活の中で具体的に何かに手を合わせることができず、故人が向こうの世界に存在していると実感することもできません。そして、この世で孤独感に陥り、重く長い悲嘆に苦しむのです。

残念なことに、散骨をした人の遺族で何人か自死の例も聞いています。ですから、葬式や供養は死別悲嘆者の自死防止のためのグリーフケアであると、私は思っています。

秋丸　やはり、伝統文化には、長い年月をかけて培われた何らかの知恵が含まれているのですね。

髙木　そうです。遺族には、故人の葬儀をして、墓や仏壇も有って、「この人が生きていた」という証が必要です。葬式や供養は、証です。葬儀もせず、墓も無く、仏壇も無く、位牌も無ければ、故人との目に見える絆が全く消えてしまいます。

伝統的に日本人が、家族が亡くなっても悲しみを素直に受け入れて元気になることができたのは、家の中に仏壇が有ったからだと思います。つまり、朝に「おはようございます」、外出する時は「行ってまいりますから、守ってくださいね」、帰って来たら「ただいま帰りましたよ」、寝る時は「お休みなさい」というように、いつも亡くなった人と身近で具体的に対話できていたことが大きいと思います。これは、絆なのです。つまり、亡くなった人と新しい精神的絆を構築しているわけです。その媒介となるのが、仏壇です。

また、「お墓に行って報告してきました」とよく聞くでしょう。これも、まさしくその人は故人との精神的絆をそのたびに新たに結び直しているわけです。そして、それがやはりその人の癒しになるのです。

私は、こうした日常生活の中での故人との具体的な心的交流こそが、遺族のグリーフケアのとても重要なポイントであると思っています。そして、周囲はその遺族の喪の仕事を寄り添って支え、遺族もその援助を謙虚に受け入れて、新たに人生を立て直していく。これが、私が望ましいと考える死別悲嘆に対するグリーフケアです。

秋丸　京都大学のカール・ベッカー教授から聞いた話ですが、欧米の病院の一部では、亡くなる二、三か月前から終末期患者を囲んで、親しい人達や病院スタッフで毎月一回、合計七回、茶話会《ティーパーティー》を行うところがあるそうです。その途中で患者本人は亡くなってしまうのですが、残りの数回は残された人達だけで開催します。そうすると、これをしない場合に比べて、二年以内に遺族が病気、事故、精神異常、自死、突然死などに襲われる比率が有意に下がるのだそうです。これは、人々が集って互いに悲嘆を癒し合うことで、遺族の精神が安定し、免疫力や集中力の低下を防ぐからと理解できます。

実は、こうした「遺族カウンセリング」は、日本の仏教の忌日法要の影響を受けて取り入れられたものだそうです[19]。これもやはり、遺族のグリーフケアには、喪失を補う様々な具体的実感が大切という例証でしょうか。

高木　正に、その通りだと思います。

実際に、従来日本で一番死別悲嘆をケアしてきたのは、そうした仏教の忌日法要や年忌法要の慣習です。通夜、葬儀はもちろん、初七日、四十九日、一周忌、三回忌、七回忌などは、伝統的に大勢の遺族の心身を守ってきました。つまり、関係者が集って語らい悲嘆を慰め合うと共に、遺族と故人の絆をそのたびに結び直して遺族の精神を安定させ健康を維持してきたのです。これらは、日本社会に根差した仏教のありがたい文化だと思います。

秋丸　文化や風習の異なる欧米人にさえ「良いものだ」と認められるわけですから、普遍的な価値があるということですよね。

高木　そうですよ。もっと、日本人は自らの伝統文化を再評価して良いと思います。

秋丸　さらに、伝統的に日本では、そうした葬式や供養に加えて、家族や地域社会が互いに人々の悲嘆を癒し合っていました。例えば、柳田國男は「妹の力」（一九四二年）で、平均寿命が短く、母親が早く亡くなることの多かった昔は、祖母・おばや近所の女性などが残された子供の母親代わりをして母性愛を供給していた、という指摘をしています[20]。

ですから、本来はやはりそうした大家族や地域共同体の復興がとても望ましいと思いますが、現実にはそれもなかなか難しい状況です。そこで今、それらを補う新しい形の様々な動向が生まれています。例えば、死別悲嘆者の自発的相互扶助と言える遺族会などはその典型です。

こうした今日の状況について、髙木先生から改めて説明をお願いします。

髙木　私が二〇〇九年にグリーフケア研究所を立ち上げたのは、悲嘆《グリーフ》を抱えた人達が癒される機会が少なくなったからです。

現代日本社会の主流は、大家族から核家族になりました。家族の人数が減り、生活形態もマンション暮らしが多くなりました。そして、「向こう三軒両隣」という地域社会が無くなり、孤独な生活を送る人が増えてきました。現実に、人数の少ない家族内で悲嘆を癒すのはとても困難です。なぜなら、距離の近過ぎる親子や兄弟姉妹では、悲しみを分かち合えないことが多いからです。かつて大家族には、少し距離が離れて話しやすい祖父母などがいました。また地域社会もあり、私が子供の頃は、帰宅途中に隣のおばさんなどから「慶子ちゃん、お帰りなさい」とよく声を掛けられました。そういう大勢の様々な人達が、悲しい時も嬉しい時も皆で心を合わせて生活していたのです。

ところが、そうした大家族や地域社会が失われたことで、現代日本社会では自然任せではないケアの専門家が必要になってきました。実際に、身内では関係が近過ぎて気兼ねする話でも、第三者で少し距離のある関係だと話せる場合があります。そこに、ケア者としての私自身の使命を感じました。そして、私だけではなく多くの人達にこの社会的に意義のある役割を果たしてもらいたいと思い、即戦力になる実践的なケア者を一人でも多く養成するために、私は上智大学グリーフケア研究所を創設したのです。

私は、上智大学グリーフケア研究所の受講生や修了生には、ぜひ各地の遺族会などの臨床の現場で活躍して欲しいと心から願っています。皆さん、ぜひ私の後に続いてください。

さらに、遺族会に加えて最近注目されているのが自助グループです。

例えば、「サバイバー」と呼ばれる同じ病気の経験者のグループがあります。特に、がんを患った「がんサバイバー」の人達が、他人にはなかなか言えない闘病の悲しみや苦しみも体験者同士なら話せると集い始めています。

また、同じ悲嘆体験をした人達が集まるグループもあります。近年世界的に展開した「Me Too〔私も〕」運動のように、セクハラやパワハラなどの被害者が自分達の苦悩や苦痛を語り合える場を作ろうとしているのが、今の社会の動向だと思います。

今、次第に社会のあらゆるところでケアが重視される時代になってきているように感じています。

5　ケアにおける芸術の重要性

髙木　芸術は、秋丸先生の専門分野です。今、上智大学グリーフケア研究所で取り組んでいる仕事について説明してください。

秋丸　私の元々の専攻は、美学・美術史です。上智大学グリーフケア研究所では、二〇一七（平成二九）年から非常勤講師として「スピリチュアルケアと芸術」という講義を担当し、二〇二〇（令和二）年から常勤の特別研究員として勤務しています。

現在、グリーフケアの世界では、芸術への関心がとても高まっています。つまり、髙木先生が指摘されるように、これまで人々の精神的ケアは主に宗教が担ってきました。しかし、近代化が進むと、合理主義精神が発達して宗教が否定されるようになります。そこで、現在ケアの現場では、宗教ほど厳格ではなく、その分ケアとしての効力は低いけれども、間口が広く、きちんと個人の精神性を高め、人間相互の連帯感も生み出す芸術が、ある意味で「宗教の代替物」として注目されている状況があります。

実際に、上智大学グリーフケア研究所の島薗進前所長が、鎌田東二前副所長や、佐久間庸和（一条真也）前客員教授と共著で出版した『グリーフケアの時代』（二〇一九年）でも、島薗先生は唱歌・童謡・歌謡曲、鎌田先生は詩・歌・音楽・舞踊、佐久間先生は読書・映画について、それぞれグリーフケアとしての効用に注目しています。[21]

髙木先生も『死と向き合う瞬間』（二〇〇一年）などで、ターミナルケアでは童話や絵本が有益であると説明されています。[22]

髙木　童話や絵本の読書療法は、ターミナルケアに大変効果的です。人間にとって大切な死生の問題に触れつつ、長くなく、分かりやすく、特定の教義に関わらないので、終末期患者を疲れさせずに済みます。また、父母に読み聞かせてもらった幸福な幼年時代を思い出しやすいという利点もあります。

秋丸　私は「スピリチュアルケアと芸術」では、画家エドヴァルド・ムンクの事例を講義しています。ムンクは、幼少期に母親と死別しており、かなり深刻な愛着障害を抱えていました。それが、彼の生涯続く根深い人間不信と精神危機の原因だったと言えます。ただ、それでもムンクが途中で自死することなく八〇歳の長寿を全うできたのは、絵画制作により内面の悲嘆を昇華し、それが社会的に評価も得ることで、一定の精神的安定を得たからであると説明しています。

実は、あの《叫び》（図1）のポーズは、ムンクの幼少期の死別体験のトラウマの現れというのが私の解釈です（図2）。また、ムンクには精神病院から退院するきっかけになった『アルファとオメガ』（一九〇八-〇九年）という絵本作品もあります。さらに、その退院後に描いた《太陽》（図3）という壁画作品は、精神病の寛解期に現れる「太陽画」の実例としても興味深いです（図4）。

図1　エドヴァルド・ムンク《叫び》1893年

図2　エドヴァルド・ムンク《死んだ母と子》1897-99年

図3　エドヴァルド・ムンク《太陽》1911年

図4　C・G・ユング『赤の書』
（［図版版］創元社、2018年、125頁より引用）

髙木　確かに、興味深いですね。

秋丸　これに関連して、私は絵画制作が人の心をどのように癒すのかについての総合的な基礎研究も行っています。これは、二〇二二年度の日本スピリチュアルケア学会第一五回学術大会で、「絵画制作におけるケアの基本構造――形式・素材・内容の観点から」と題して口頭発表しました。

髙木　秋丸先生は、俳句とケアについても研究していましたね。

秋丸　それが、第9章「心理的葛藤の知的解決と美的解決」（215頁参照）です。これは、髙木先生の「悲嘆の表現には文化的差異がある」という指摘を受けて、「悲嘆の癒し方にも文化的差異がある」ことを、俳句を例に分析したものです。大まかに言うと、悲嘆の癒され方には論理的方向性と情緒的方向性があり、全体的に西洋は前者、日本は後者の傾向が強いことを論じました。

この続編として、グリーフケアとしての「辞世」も研究しています。和歌は、形式上は、短詩型により特別な才能が無くても誰もが詩作しやすく、五言・七言がリズム的にも親しいため、負の感情を解放しやすい利点があります。また内容上は、主に自然を主題とすることで、永遠不変の大自然への内面的一体化を通じて安心感をもたらしやすい利点があります。

これらにより、伝統的に和歌は日本人の悲哀を日常的に慰め、特に辞世は、臨終における顕界から幽界への移行の際の「諦め」を心理的に様々に補助し、死に対する予期悲嘆を少なからず癒していたと言えます。これは、二〇二一年度の日本スピリチュアルケア学会第一四回学術大会で「スピリチュアルケアとしての和歌――辞世の句を巡る考察を中心に」と題して口頭発表しました。

髙木　秋丸先生は上智大学グリーフケア研究所の紀要に、アンリ・エランベルジェの「創造の病い」概念についての論文も発表していましたね。

秋丸　はい。この「創造の病い」も「喪の仕事」と同じく、日本では概念定義が曖昧なまま使用されている問題があります。つまり、人間の創造的業績の前段階でよく見られる抑鬱状態を指すこの「創造の病い」概念について、ある人は異常で特殊な病気として扱い、また別の人は普遍的で日常的な心理現象として論じています。本稿はケアに有効な後者の考えについて考察し、人間は誰でも従来の生き方が行き詰まった時に抑鬱状態に陥り、それに代わる新しい指針や人生観を獲得して、それを偉大な業績に生かした後に顧みると、その抑鬱状態が「創造の病い」と捉えられると分析しました。[23]

高木　ところで、美学の専門は何ですか?

秋丸　ドイツの哲学者ヴァルター・ベンヤミンの美学が専門で、実は私は八〇年以上世界中の誰も解けなかった彼の「アウラ」概念を解読したことで学界に知られています。

アウラとは、「同一の時空間上に存在する主体と客体の相互作用により相互に生じる変化、及び相互に宿るその時間的全蓄積」です。その相互作用において、人間は生来五感を通じて意識を集中し、対象のアウラを知覚しています。これを、「アウラ的知覚」と言います。[24]

ところが、「有機的自然の限界からの解放」(W・ゾンバルト)を特徴とする「近代技術」が「(近代)技術的環境」(G・フリードマン)を成立させると、人々のアウラ的知覚が衰退していきます。[25]つまり、主体と客体の間に、鉄道・自動車・飛行機などの速度機械や、写真・蓄音機・映画・電信・電話などの伝達機械が介在すると、コミュニケーションにおける五感や相互作用が薄れ、この意識の集中が減衰していくわけです。これを、「アウラの凋落[26]」と言います。[27]

例えば、オンラインテレビ電話では心の交流がしにくいと感じるのは、相互に五感が視覚と聴覚だけに捨象され、自然な相互作用が減少することで、知覚の情報量が減少すると共に、意識の集中が減退するからです。これは、現在の電子メディアを通じて行うケアの最前線の問題でもあります。

高木　それと、鎌田東二先生と一緒に展覧会も開催していましたね。

秋丸　はい。正確には、「現代京都藝苑」と題する美術展覧会とパフォーマンスと学術シンポジウムの総合イベントを、二〇一五年と二〇二一年の二回行い、鎌田先生が監修者兼実行委員長、私が企画とキュレーションを担当しました[28]。

二〇一五年は、四つの展覧会を五つの会場で行い、その一つの「悲とアニマ」展は京都の北野天満宮で開催しました。また二〇二一年は、上智大学グリーフケア研究所の後援で、「悲とアニマⅡ～いのちの帰趨～」展と題する展覧会を二つの会場で行い、第一会場を京都の建仁寺の塔頭両足院で開催しました[29]。

元々、「芸術」は「科学技術」の補完概念です。つまり、古代ギリシャ語で「テクネー」と言い、ラテン語に翻訳されて「アルス」と呼ばれていた、何らかの目的を達成するわざとしての「術」の内、一七世紀の科学革命で成立した数理的合理性を特徴とする「近代科学（サイエンス）」に結び付くものだけが「技術（テクニック）」として取り出されて「科学技術（テクノロジー）」が成立した時に、残った領域が「芸術（アート）」と呼ばれることになったわけです。従って、技術の定義は「合理的に反復可能な技」であり、芸術の定義は「合理的に反復不可能な技」です。技術の対象は物理であり、芸術の対象は心理とも言えます。

そうした芸術の社会的機能の一つは、「時代のシンボル」を創造して、集団的無意識を情緒的に安定させることです。この二回の「悲とアニマ」展は、東日本大震災を始めとする天災・人災が頻発する現代日本において、そうした「悲」が同時代の美術にどのように影響し、そこにどのような日本の伝統的感受性《アニマ》、つまり自然観や芸術観や死生観の反映が見られるかを提示することがコンセプトの一つでした。

高木　秋丸先生は、太平洋戦争開戦前に米英と日本の国力比を「20：1」と科学的に調査報告して極秘扱いにされた「陸軍省戦争経済研究班（秋丸機関）」代表の秋丸次朗氏の孫で、本来経済学の学者の家系と聞いたことがあります。それとは異なる芸術の世界を志した理由は何ですか。

秋丸　実は、私は幼い頃に片親を亡くして様々な心理的・社会的ハンディキャップがありました。それらを克服するために、芸術の世界に憧れがあったのです。

それで、若気の至りでアーティストを目指して美術大学に進学し、様々な作品制作に取り組みました。ところが、本気で取り組めば取り組むほど自分の創作の才能に限界を感じ、次第に自分は作品を作るよりも他人が作った作品を分析したり人に紹介したりする方が向いていると気付いて、研究者に転向しました。ただ、一応今でも論文が自分の作品だと思っています。

今は、芸術がケアにどのように生かせるのかに大きな関心があります。自分自身がそうだったように、作品を作ることはケアになると思うのです。

髙木　ぜひ、ますます頑張ってくださいね。

ところで、私はケアにおける芸術の重要性がさらにあると思っています。というのは、人間が自分の悲嘆を生き抜く時には、気持ちを明るく前向きにさせる理想が必要です。美しいもの、豊かなもの、暖かなもの、幸福なものが必要になります。それが、「ああいうふうに幸せになりたい」という希望を呼び起こすのです。

また、特に悲嘆を感じていない普通の時にも、人間がより良く生きるためには、気持ちを高揚させ憧憬の念を抱かせる理想が必要です。それが、真・善・美に関わる人間が本来持つ徳性をきちんと生かし、本当の素晴らしい自分自身になろうとする意欲の源になるのです。

私は、その時に美しく感動的な芸術作品はとても良い心の栄養になると思っています。

秋丸　髙木先生の講演では、よくエンディングに「アメイジング・グレイス」などの美しい音楽が掛かりますが、それはそのように心を洗い、魂を清めるという意味なのですね。

また、髙木先生は大学卒業時に広山流のいけばなの資格を取得し、師匠から「髙木清聖」という名前を授かったと伺っています。既に髙木先生が二二歳の時に、その師匠は髙木先生の魂がその後も今日まで一貫して求め続けているものを的確に感じ取られていたように思います。そして、そうした祝賛的な名前が授けられたこともまた、より深いレベルで大いなるもの《サムシング・グレート》から髙木先生への支援的なメッセージであるような印象を私は受けています。

髙木　そうだと、本当に嬉しいですね。元々、私達人間は全て、神様の前に清く聖なるものとして、つまり「神様の子供」として創造されています。ですから、神様は私達全員に、きちんとそうした本来のより良き者になりなさいと期待されていると思うのです。

実際に、人間は誰でも、信仰心や良心あるいは魂としてのスピリチュアリティを持っています。そうした魂が痛むことはスピリチュアルペインですが、魂が喜ぶことはスピリチュアルプレジャー（spiritual pleasure）だと思います。例えば、それは人知れず善行をした時や予想外に善意が報われたりした時などに感じる、心の奥底からの歓喜です。

そうしたスピリチュアルプレジャーを追求する際には、人間の内なる徳性を生かすことが大切です。つまり、人間は誰もが、大いなるもの《サムシング・グレート》から恩寵《おんちょう》として徳性を授けられています。その徳性は、古代ギリシャ以来、真・善・美の三つの領域として知られています。例えば、「真」は誠実に真理を追究すること、「善」は清廉に社会に貢献すること、「美」は優雅に品位を洗練することなどです。

さらに、人間は誰でも、大いなるもの《サムシング・グレート》から恩寵としてそれぞれの個性や才能を授けられています。それに気付き、それを練磨し、それを発揮して自己実現すると共に、その実りを周囲に還元することを通じて、自分も他人も幸福にしていくことが大事です。

人間が悲嘆状態から健康を回復する時には、「グリーフケア（grief care）」が必要です。しかし、私はこれまでそこに力点を置くあまりに、皆さんに十分にうまく伝えられなかったのですが、人間がより良い自己実現を達成する時には、自分に「恩寵《グレイス》（grace）」として授けられた様々な潜在力をケアしていくことも必要です。つまり、人間が真・善・美に関わる本来の徳性を生かして清らかで高貴な本当の自分になり、自分自身の持つ個性や才能を十分に発揮して自己実現することを支えること、最近私はそれを「グレイスケア（grace care）」と呼ぼうと思っています。

この「恩寵《グレイス》ケア」は、例えば誰かが悪事を行って悲嘆状態にあり、それを反省して行いを悔い改める時などに、人間の内なる善良な徳性に目覚めさせ、自らの個性や才能に基づく望ましい将来への夢や希望を抱かせるためにも必要です。その意味では、「恩寵《グレイス》ケア」は「悲嘆《グリーフ》ケア」も包含するものと言えます。

秋丸先生には、ぜひその観点からの研究も進めて欲しいですね。

秋丸　「悲嘆《グリーフ》ケアから恩寵《グレイス》ケアへ」。韻を踏んで、とても印象に残るキーワードだと思います。髙木先生の思想や行動は長年常に一貫されていることに、私は非常に感銘を受けます。

髙木　私は、皆さんからよく「髙木先生は、グリーフケアやターミナルケアのような重苦しい世界が好きなのですか？」と尋ねられます。でも、私は好き嫌いではなく、それが人間にとってとても大切なことであり、人間の精神性の最も崇高な部分に関わるから携わっているのです。

私は、本来とても明るい人間です。美しいもの、楽しいもの、元気の出るもの、面白いものが大好きです。自分の中にそうした前向きなところがあるからこそ、これまで辛く悲しいグリーフケアやターミナルケアの世界にも携わることができたと思っています。

今、私が重視しているのは「全人力」です。つまり、人間には、精神的、身体的、社会的、スピリチュアル（スピリチュアリティ的）という四つの面があります。この四つの面全てを生かすのが、「全人力」です。

その「全人力」の中心となるのは、やはり精神的・身体的・社会的という他の三つの面が全て関わる「スピリチュアル」な面です。ですから、「全人力」のポイントは、その核であるスピリチュアリティを生かすこと、つまり内なる魂を活性化することであると考えています。

この「全人力」には、当然悲しみを生き抜く力が含まれます。これを支えるのが、グリーフケアです。そして、それだけではなく、「全人力」には自らに授けられた恩寵を生かして自己実現する力、すなわち正直さ、善良さ、優美さなどの人間が本来持つ徳性をきちんと高め、自分の個性や才能をしっかりと発揮して、立派で素晴らしい本当の自分自身になろうとする力なども含まれます。これを支えるのが、グレイスケアです。

私はこれまで、悲しみを生き抜く力は「上智大学グリーフケア研究所」で、ケアの根幹であるスピリチュアリティの問題については「日本スピリチュアルケア学会」で追求してきました。これからは、それらを改めて総合しつつ、新たに「グレイスケア」の研究に取り組みたいと思っています。現時点での私の「自己実現」についての基本的な考えを知りたい人には、拙著『死と向き合う瞬間』の第二章「日々に希望を持って生きるために」を勧めたいと思います。[30]

人間は誰でも皆、徳性の面でも、個性や才能の面でも、ダイヤモンドの原石です。それを、スピリチュアリティに基づいて十全に磨いていくこと、それが「全人力を磨く」ということです。

二〇二三年春、私は、「上智大学グリーフケア研究所」、「日本スピリチュアルケア学会」に続いて、新たに「全人力を磨く研究所（全人力研究所）」を創設しました。その創設の理念は、悲嘆などの人々の後ろ向きな心をケアすると共に、自己実現への前向きな心をケアすることです。

これから、その活動に本腰を入れていくつもりです。秋丸先生も、ぜひお手伝いしてくださいね。

秋丸　もちろんです。ぜひ、喜んでお手伝いいたします。

注

1　岡田尊司『愛着アプローチ――医学モデルを超える新しい回復法』角川選書、二〇一八年。

2　河合隼雄『ユング心理学入門』培風館、一九六七年。河合隼雄『母性社会日本の病理』中公叢書、一九七六年。林道義『父性の復権』中公新書、一九九六年。林道義『母性の復権』中公新書、一九九九年等を参照。なお、人間理解における発達心理学の重要性をご指導いただいた、多摩美術大学の飯島洋一教授に心より感謝申し上げます。

3　Erik H. Erikson, *Identity and the Life Cycle*, New York, 1959. 邦訳、エリク・H・エリクソン『アイデンティティとラ

イフサイクル』西平直・中島由恵訳、誠信書房、二〇一一年。John Bowlby, *Attachment and Loss*, Vol.1: *Attachment*, New York, 1969. 邦訳、ジョン・ボウルビィ『新版 母子関係の理論（I）愛着行動』黒田実郎・大羽蓁・岡田洋子・黒田聖一訳、岩崎学術出版社、一九九一年等を参照。

4 「能動態的ケア」と「中動態的ケア」については、中井珠恵『スピリチュアルケア入門篇』株式会社ヨベル、二〇二二年等を参照。

5 髙木慶子著『髙木仙右衛門に関する研究――「覚書」の分析を中心にして』思文閣出版、二〇一三年。

6 島薗進『精神世界のゆくえ――現代世界と新霊性運動』東京堂出版、一九九六年（法蔵館文庫・二〇二二年）等を参照。

7 この女性の後日談については、次の文献を参照。髙木慶子『「ありがとう」といって死のう』幻冬舎、二〇一七年、一一九-一二三頁。

8 悲嘆については、次の文献も参照。髙木慶子『喪失体験と悲嘆』医学書院、二〇〇七年。髙木慶子『悲しみの乗り越え方』角川oneテーマ21、二〇一一年。髙木慶子『大切な人をなくすということ』PHP研究所、二〇一一年。髙木慶子『悲しみは、きっと乗り越えられる』大和出版、二〇一二年。髙木慶子編著・上智大学グリーフケア研究所制作協力『グリーフケア入門』勁草書房、二〇一二年。髙木慶子・柳田邦男・上智大学グリーフケア研究所編著『〈悲嘆〉と向き合い、ケアする社会をめざして』平凡社、二〇一三年。髙木慶子・山本佳世子編著『悲嘆の中にある人に心を寄せて』上智大学出版、二〇一四年。髙木慶子『それでも人は生かされている』PHP研究所、二〇一四年。髙木慶子『それでも誰かが支えてくれる』大和書房、二〇一五年。

9 イハレアカラ・ヒューレン『みんなが幸せになるホ・オポノポノ』櫻庭雅文訳、徳間書店、二〇〇八年。

10 デール・カーネギー『[完全版] 人を動かす』東条健一訳、新潮社、二〇一六年。

11 髙木慶子『悲しんでいい――大災害とグリーフケア』NHK出版新書、二〇一一年。

12 小此木啓吾『対象喪失――悲しむということ』中公新書、一九七九年、一七六頁。

13 同前、ii頁。

14 「喪とメランコリー」伊藤正博訳、『フロイト全集』第一四巻、岩波書店、二〇一〇年、二七三頁。

15 同前、二八九頁。

16 Dennis Klass, Phyllis R. Silverman, and Steven L. Nickman (eds.), *Continuing Bonds: New Understandings of Grief*, New York, 1996.

17 島田裕巳『葬式は、要らない』幻冬舎新書、二〇一〇年。一条真也『葬式は必要!』双葉新書、二〇一〇年。島田裕巳『0葬』集英社、二〇一四年。一条真也『永遠葬』現代書林、二〇一五年。島田裕巳・一条真也『葬式に迷う日本人』三五館、二〇一六年。島田裕巳『葬式消滅』ジー・ビー、二〇二二年。一条真也『葬式不滅』星雲社、二〇二二年等を参照。
18 鵜飼秀徳『寺院消滅――失われる「地方」と「宗教」』日経BP、二〇一五年。
19 カール・ベッカー編著『愛する者は死なない――東洋の知恵に学ぶ癒し』駒田安紀監訳、晃洋書房、二〇一五年、一六頁。
20 柳田國男「妹の力」『定本柳田國男集』第九巻、筑摩書房、一九六九年。
21 島薗進・鎌田東二・佐久間庸和『グリーフケアの時代』弘文堂、二〇一九年。なお、下記の書評論文も参照。秋丸知貴「島薗進・鎌田東二・佐久間庸和共著『グリーフケアの時代』を巡る考察」『グリーフケア』第一〇号、上智大学グリーフケア研究所、二〇二二年、一三五－一五一頁。
22 髙木慶子『死と向き合う瞬間――ターミナル・ケアの現場から』学習研究社、二〇〇一年。
23 秋丸知貴「アンリ・エランベルジェの『創造の病い』概念について」『グリーフケア』第六号、上智大学グリーフケア研究所、二〇一八年、九七－一一三頁。
24 秋丸知貴「ヴァルター・ベンヤミンの『アウラ』概念について」『モノ学・感覚価値研究』第六号、京都大学こころの未来研究センター、二〇一二年、一三一－一三八頁。
25 秋丸知貴「自然的環境から近代技術的環境へ――ジョルジュ・フリードマンを手掛かりに」『比較文明』第三〇号、比較文明学会、二〇一四年、二二九－二五二頁。
26 秋丸知貴「ヴァルター・ベンヤミンの『アウラの凋落』概念について」『哲学の探究』第三九号、哲学若手研究者フォーラム、二〇一二年、二五・四八頁。
27 こうした「アウラの凋落」の近代西洋美術への反映については、次の拙稿を参照。秋丸知貴「近代絵画と近代技術――近代技術的環境における心性の変容の図像解釈学的研究」『形の科学会誌』第二五巻第二号、形の科学会、二〇一〇年、一一七－一二六頁。秋丸知貴『ポール・セザンヌと蒸気鉄道――近代技術による視覚の変容』晃洋書房、二〇一三年。なお、これらは、秋丸知貴が連携研究員として研究代表を務めた二〇一〇年度から翌年度にかけての京都大学こころの未来研究センター連携研究プロジェクト「近代技術的環境における心性の変容の図像解釈学的研究」（受入教員：鎌田東二）の研究成果の一部である。
28 詳細は、現代京都藝苑公式ウェブサイトを参照。（http://kyotocontemporaryartnetwork.web.fc2.com/）
29 詳細は、現代京都藝苑2021「悲とアニマⅡ～いのちの帰趨～」展図録を参照。（https://issuu.com/tomokiakimaru/docs/_2021_a4_）
30 髙木慶子『死と向き合う瞬間』一六八－一九二頁。

第8章　ジークムント・フロイトの「喪の仕事」概念について

――その問題点と可能性

秋丸　知貴

愛する対象の喪失に対する予期あるいは結果として、深い悲しみの経験が生じる。これが「グリーフ（grief）」であり、それを何らかの方法で癒すことが「グリーフケア（grief care）」である。

一般に、グリーフケアの学問上の本格的な出発点は、精神分析の創始者ジークムント・フロイト（1856-1939）が一九一七年に発表した「喪とメランコリー」とされる。[1] グリーフケアの研究書の多くがこの古典的論文を引用するか、あるいは有形無形に影響を受けている。その中でも、特にこの論文で初めて提示された、グリーフの克服過程としての「喪の仕事」概念は、今日でもグリーフケアの研究や実践において広く言及されている。

しかし、このフロイトの「喪とメランコリー」における「喪の仕事」概念には、少なくとも三つの大きな問題がある。[2]

一つ目は、翻訳の問題である。「喪の仕事」の独語原文は「Trauerarbeit」であるが、この論文が英訳された際に「mourning work」と翻訳された。[3] つまり、独語の「Trauer（悲／喪）」について、英語では「grief（悲）」ではなく「mourning（喪）」が当てられることになった。ここで「grief」が「mourning」よりも広義の概念である以上、「mourning」への限定は概念内容において何らかの縮減が生じていることになる。[4]

二つ目は、この論文においてフロイトが「喪の仕事」概念をあまり明確かつ詳細に定義していないという問題である。実際に、フロイト自身が本文中で、「私達はどのような経済論的方法によって喪（Trauer）がその仕事を完遂するかを言うことさえできない」[5]ことを認めている。その上で、ここでその要点を整理してまとめるならば、フロイトのいう「喪の仕事」とは「現実を受け入れて喪失対象への愛着を心底断念する心理過程」と要約できる。

三つ目は、もしフロイトの「喪の仕事」概念がそうした喪失対象との絶対的決別を指す場合、それは本当にグリーフケアにおいて有効なのだろうかという問題である。そもそも、人間は喪失対象への愛着を完全に断念できるのだろうか?

本章は、これらの三つの問題を順に分析し、フロイトの「喪の仕事」概念の射程と限界を提示する。結論として、フロイトの「喪の仕事」概念を、喪失対象との精神的絆を大切にする現在のグリーフケア研究の観点から批判しつつ改めてその可能性を考察する。

1 「喪の仕事」概念の翻訳について

まず、用語の整理をしておこう。フロイトの「喪の仕事」概念の初出論文である「喪とメランコリー」の独語の原題は、「Trauer und Melancholie」である。これが英語で出版されて「Mourning and Melancholia」と翻訳された時に、一つの翻訳上の問題が生じることになる。

ここで「Trauer」は「mourning（喪）」と英訳されたわけだが、「Trauer」には「grief（悲）」の意味もある。基本的に、「grief」の方が「mourning」よりも指示範囲が広い。つまり、「mourning」は主に死別の悲しみを意味するが、「grief」は死別のみならず愛する対象の喪失の悲しみ一般を包括する。そのため、「Trauer」を「grief

（悲）」ではなく「mourning（喪）」と訳す場合には、様々な悲しみの中でも特に死別の悲しみに意味限定が生じていることになる。

また、「grief」は名詞であるのに対し、名詞「mourning」は動詞「mourn」の現在分詞であるという違いがある。つまり、「grief」は一般的な離別の悲しみの心的状態や心的過程を指すのに対し、「mourning」は「喪」、つまり死別の悲しみという特殊な心的状態や心的過程を指し、さらに「死者を悼むこと」や「自らの行いを慎むこと」という心身の主体的行為も意味している。従って、「Trauer」を「grief（悲）」ではなく「mourning（喪）」と訳す場合には、死別の悲しみに加えて主体的行為という特殊性も含まれていると言える。

確かに、フロイトが「Trauer und Melancholie」の中で語る「Trauer」には死別時の悲しみや主体的行為の意も含まれるので、その部分を指してこの論文名を「Mourning and Melancholia」と英訳することは間違いではない。また、その事情は邦訳の「喪とメランコリー」でも同様である。さらに、フロイトが「Trauer und Melancholie」の中で語る「Trauerarbeit」には死別の悲しみに対する主体的回復過程の意も含まれるので、その部分を指して英語で「mourning work」、日本語で「喪の仕事」と翻訳することも間違いではない。問題が生じるのは、この「mourning work（喪の仕事）」という言葉を、死別のみならず広く対象喪失の悲しみ一般に対するグリーフケアの問題に使用する場合である。例えば、「生き別れの悲しみに対する喪の仕事」という用例を考えればすぐに分かるように、その場合は本来の限定された内容を適用範囲外にまで当てはめることによる意味過剰が生じることになる。

このフロイトの「Trauer und Melancholie」が「Mourning and Melancholia」と英訳された影響により、一般に精神分析関係の文献では、「Trauer」は、英語圏では「mourning」、日本語圏では「喪」と訳される傾向がある。[6] しかし、「Trauer」を「mourning（喪）」と訳すか「grief（悲）」と訳すかは、「Trauerarbeit」を死別のみならず広く対象喪失の悲しみ一般を扱うグリーフケア研究において使用する際には注意すべき問題と言える。

これに関連して、「grief」と「mourning」の日本語訳に触れておくと、共に「悲しさ」と訳される場合と「悲しみ」と訳される場合がある。この場合、「悲しさ」は「悲しい」という形容詞の名詞形なので「悲しい」という心的状態であることを、「悲しみ」は「悲しむ」という動詞の名詞形なので「悲しむ」という心的行為をしていることを意味すると解せる。

また、「grief」と「mourning」は、共に「悲哀」と訳される場合と「悲嘆」と訳される場合がある。この場合、「悲哀」は「悲」と「哀」という同義の二語を重ねることで愛する対象の喪失がもたらす悲しみの経験全てを、「悲嘆」は「悲」に表出を表す「嘆」を付加することで特にそうした悲しみの経験の際の感情化・言語化・態度化・行為化を意味すると捉えられる（つまり表面に現れない場合の「悲哀」は「悲嘆」とは区別されうる）。

さらに、「Trauerarbeit」の「arbeit」について言うと、これをフロイトが不健康な精神状態から健康な精神状態への主体的回復を達成する文脈で用いているので、英訳の際に主体的・能動的・義務的・達成的な行いを意味する「work」と訳すのは妥当である。そして、独語の「arbeit」や英語の「work」は、日本語では主体的行為を意味する「営み」「勤め」「作業」「仕事」等と訳すことができる。この中で、最も主体的・能動的・義務的・達成的な行いの意味合いが強いのは「仕事」と考えられる。

これらのことから、「Trauerarbeit」の日本語訳は、「悲」「悲しさ」「悲しみ」「悲哀」「悲嘆」あるいは「喪」等と、「営み」「勤め」「作業」「仕事」等の組み合わせとなる。ここに、「Trauer und Melancholie」の邦訳において、「Trauerarbeit」の日本語訳が「喪の作業」[7]「喪の仕事」[8]「悲哀の仕事」[9]等と一定しないことの原因を見出せる。

おそらく、日本語における最も簡潔な用語法は、小此木啓吾（1930-2003）の先駆的研究『対象喪失』（一九七九年）のように、対象喪失一般については「悲哀の仕事」、その中でも特に死別に関しては「喪の仕事」を用いることである。[10] ただし、対象喪失一般においても、その別離の決別性と悲哀の強烈性を詩的・比喩的に表現し、それに対処する主体的・能動的・義務的・達成的な行いの意味合いを強調する意図があるならば、「喪の仕事」という用語を使用することも妥当であると思われる。

なお、フロイトに続いて死別悲哀の本格的研究を行ったエーリッヒ・リンデマン（1900-1974）は、代表的論文「急性悲嘆の症候群とマネジメント」（一九四四年）で、「mourning work」に代えて、より柔軟な「grief work」という用語を用いている。[11] 一般的なグリーフケアの研究や実践においては、この「grief work（悲哀の仕事）」という用語を用いる方が余計な意味の混乱を招かないと言える。

2 「喪の仕事」概念とは何か

それでは、フロイトのいう「喪の仕事」概念とは一体どのようなものであろうか？

この問題について、本節ではフロイトが「喪の仕事」概念を集中的に論じた「Trauer und Melancholie」を、関連する複数の論稿と併せて読解する。議論の都合上、ここでは「Trauer」を「悲哀」、「Trauerarbeit」を「悲哀の仕事」に統一して議論を進める。

まず、フロイトは、愛する対象の喪失に対する心的反応を正常なものと異常なものに分けている。健全な前者が「悲哀（Trauer）」であり、病的な後者が「鬱病（Melancholie）」である。ここで「悲哀」は、喪失した場合それを生じさせる対象に人間以外の抽象概念も挙げられているので、死別以外の悲しみも含むことは明らかである。

悲哀（Trauer）は通常、愛する者の喪失に対する反応であるか、あるいはその愛する者の代理である祖国、自由、理想等の抽象物（Abstraktion wie Vaterland, Freiheit, ein Ideal usw）の喪失に対する反応である。

同じ条件下でも、病的な気質が疑われる人達は、悲哀の代わりに鬱病（Melancholie）を示す。[12] フロイトにとって、愛する対象の喪失に対する心的反応が正常なものであるか異常なものであるかを分ける基準は、一定の期間内で自発的・主体的・能動的に精神的健康を回復するかしないかである。

実に注目すべきことに、たとえ正常な振舞いからひどく逸脱している場合でさえ、私達は悲哀を決して病的状態とは見なさないし、医者の治療に委ねようともしない。私達は、悲哀は一定期間の後に克服される（sie nach einem gewissen Zeitraum überwunden sein wird）と信じており、悲哀を妨げることは不適切であり有害であるとさえ考えている。[13]

フロイトによれば、死別の悲哀からの回復にかかる期間は通常一年から二年である。その一方で、その期間が過ぎても回復しない場合は病的悲哀、つまり鬱病と見なされる。実際に、フロイトは病的悲哀には終わりがないと診断している。

彼はまた、父親の死以来、病気がとても悪化していると述べている。そして私は、彼の病気の重症化の主な原因は父親に対する悲哀であると認めるので、その限りにおいて彼に同意する。悲哀は、病気の中にいわば病理的表現を見出したのである。通常の悲哀が一年から二年で終わる（eine normale Trauer in 1 bis 2 Jahren ihren Ablauf erreicht）のに対し、彼のような病的な悲哀は持続において際限がない。[14]

悲哀の示す外面的特徴は、沈痛さに貫かれた関心・意欲の減退と現実からの後退である。それは、自我が他に注意を向けられないほど喪失対象に捕らわれており、心的自由を奪われていることを意味している。

愛する者の喪失に対する反応である重い悲哀も、深く苦痛に満ちた気分、（故人を思い出させるものでない限り）外界に対する関心の喪失、（故人の代わりになりうるものでも）新たに愛する対象を選ぶ能力の喪失、故人の思い出と関わりのないあらゆる行為に背を向けること、を含んでいる。私達は、こうした自我の抑制と制限（Hemmung und Einschränkung des Ichs）は悲哀にひたすら没入していることの表れであり、他の意図や関心が入る余地は無いことを容易に理解できる。[15]

フロイトの認識では、悲哀はまだ病気ではない。これに対し、類似していながら病気に分類される鬱病を特徴付けるのは、「限度を越した自我感情の下落（außerordentliche Herabsetzung seines Ichgefühls）」、つまり「大いなる自我の貧困化（großartige Ichverarmung）」である。[16] 逆に言えば、悲哀が病気に陥ることを免れるためには、自我の退行が一定の限度を越えないだけの精神力や精神的健康さが必要ということになる。

鬱病の心的特徴は、深く苦痛に満ちた気分、外界に対する関心の喪失、愛する能力の喪失、あらゆる行動の抑制、そして自我感情の下落（Herabsetzung des Selbstgefühls）――自己非難や自己罵倒として表現され、処罰への妄想的期待にまで亢進する――である。この病像は、一点を除いて悲哀も同じ特徴を示すことを考慮すれば理解しやすくなる。つまり、悲哀では自我感情の障害（Störung des Selbstgefühls）が現れない。その他は、悲哀と鬱病は同じものである。[17]

フロイトは悲哀の内面的心理を、自我がリビドー（心的エネルギー）を注いでいた愛着対象が失われていることとに気付きながらその現実を認めず、今もまだその愛する対象と結び付いていると思い込もうとする頑固で盲目的な心の働きとして説明している。この場合、愛する対象は心の中に「願望空想」[18]として記憶や期待の形で存在し続けることになる。この空想対象への執着が、まず悲哀における内向的な「自我の抑制と制限」の原因である。さらに、これが悪化して自我が病的に退行すると、幻覚対象を実在であるかのように信じ込む妄想が生じることになる。

現実検討（Realitätsprüfung）は、愛する対象はもはや存在しないことを示し、今やその対象との結び付きから全てのリビドーを撤収するように命令する。これに対し、当然の抵抗も生じる。つまり、一般に観察されることだが、人間はリビドーの向け先を変えたがらない。たとえ、代わりのものが既に誘っていてさえもである。この抵抗はとても強力なので、幻覚性の願望精神病により現実からの離反と対象への妄執を発生させることもある。[19]

フロイトは、こうした悲哀の気分を「苦痛に満ちた」[20]と形容する。なぜなら、愛情の空振りによる欲求不満が不快の感情をもたらすからである。失われた対象に一方的に報われない愛情を注ぎ続けること、つまりリビドーの備給（cathexis）が願望的な空想対象にとどまるのが、悲哀である。

これに対し、鬱病では、自我の病的な退行によりリビドーの備給が妄想的な幻覚対象に行われる。さらに、自我感情が下落するとリビドーが自我の内まで後退し、自我は混同的に自らが成り代わってまで愛する対象に妄執するようになる。つまり、「対象へのナルシス的同一化が愛情備給の代替物となり、結果的に愛する者との葛藤があるにもかかわらず愛情関係を諦める必要はなくなる」[21]。この場合、「愛する対象への非難がその相手から離れて患者本人に転換されたものが、自己非難である」[22]。

鬱病の過程を再構成するのは、少しも困難ではない。〔…〕対象へのリビドー備給は、ほとんど定着しないことが証明され、廃止されるが、自由になったリビドーは、他の対象に向きを変えるのではなく、むしろ自我の内に引き籠もる。しかし、そこでリビドーは、他の用途に用いられるのではなく、自我と喪失対象の同一視に使われる。今や、対象が投影された自我は、一つの対象のように、その喪失対象のように、ある特別な審級から批判しうる。こうして、対象喪失は自我喪失に転じ、自我と愛する相手を巡る葛藤は、批判自我と対象投影自我との対立に転換される。[23]

ここで注目すべきは、フロイトが、愛する対象の喪失に対する心的反応では憎しみの感情も現れるとしていることである。つまり、愛する対象を喪失すると、その対象に抱いていた憎悪も触発され、両者が葛藤し始める。この愛憎の両価性（Ambivalenz）の葛藤は「無意識の内で行われる」[24]が、その原因となる喪失対象が具体的で直接的である悲哀では原初的で単純なので意識化が可能である。また、病的悲哀における「死別後の強迫的な非難」においても、「葛藤の原動力が両価性であることは疑いない」[25]。

愛する対象の喪失は、愛情関係における両価性（Ambivalenz）を発動し発現させる格好の契機である。従って、強迫神経症に向かう気質がある場合、両価性の葛藤は悲哀に病的な形を与え、自己非難の表現を取るように強いる。その場合、愛する対象の喪失は自分に責任がある、つまり自分が望んだせいだと口走らせることがある。愛する人が死んだ後のそうした強迫神経症的な抑鬱では、リビドーの退行的撤収が伴わなければ、両価性の葛藤がそれだけでどれほど強力かが示される。[26]

この両価性の葛藤は、喪失経験が観念的で抽象的になってくると複雑化し、他の様々な葛藤も触発しつつ複合的になるので、意識化が困難になる。また、こうした強化された両価性の葛藤は、「異常に濃密な逆備給を要求する痛ましい傷口のように作用」[27]し、「患者を完全なまでに消耗」[28]させ、「自我を完全な貧困化に至るまで空虚にする」[29]。この二つの傾向が、鬱病では顕著である。

さらに、フロイトによれば、鬱病では両価性の葛藤が処罰感情にまで亢進する。そして、その処罰感情が喪失対象と混同的に同一視された自らに向けられると、極端な場合には「全生物に生存を強いている欲動の克服」[30]、すなわち自殺にまで至ることになる。


従って、鬱病患者による対象への愛情備給は二通りの運命を経験する。一つは喪失対象との同一視への退行であり、もう一つは両価性の葛藤の影響を受けた、葛藤により近いサディズムの段階への退行である。このサディズムによってのみ、鬱病をこれほど興味深いものに――これほど危険なものに――している自殺傾向の謎が解き明かされる。[31]

それでは、こうした悲哀から人間はどのように回復するのであろうか？

フロイトは、健常な人間は次のような心的過程を経て悲哀から回復すると説明している。

まず、自我は、愛する対象を喪失してもそれを否認し、幼稚な「願望の全能性」[32]の下で、愛する対象がまだ存在しているという空想を抱いている。しかし、やがて次第に現実を直視し、愛する対象は既に失われているという厳粛な事実を受け入れていく。つまり、自我は自発的・主体的・能動的にそうした現実の意識化に努め、喪失対象への愛着を一つずつ断念していく。これが、「悲哀の仕事（Trauerarbeit）」[33]である。

この「悲哀の仕事」は、極めて苦痛に満ちている。なぜなら、悲哀において自我はただでさえ愛情が空振りして欲求不満で不快な上に、さらにその「悲哀の仕事」の間中ずっと愛する対象は既に失われているという不快な現実を突き付け続けられるからである。

悲哀（Trauer）が生じるのは、現実検討の影響下である。現実検討は、対象はもはや存在しないので、対象とは別れねばならないと断固として命令する。今や悲哀は、対象に濃密に愛着していた全状況において、この対象からの撤退を遂行するという仕事（Arbeit）を持つ。従って、この離別の苦痛に満ちた性格は、対象との結び付きが失われている現状確認が反復される間中、対象への愛情の備給が濃密でありながら満たされないという既に見た説明と合致する。[34]

この「悲哀の仕事」では、自我が愛する対象が存在しない現実を受け入れるためには、通常の認識以上の心的エネルギーが必要である。そのため、愛する対象への思い入れが強ければ強いほど、その全てを断念するためには膨大な心的エネルギーが消費される。さらに、「現実検討の命令を一つずつ遂行するためには時間が必要」[35]である。その結果、「悲哀の仕事」では、自我の内向的な「抑制と関心喪失」[36]が強化されることになる。しかし、「その仕事（Arbeit）の後に自我のリビドーは対象から解放される」[37]。そして、自我は再び心的自由と外界への興味と行動の意欲を取り戻すことになる。

正常とは、現実に対する尊重が勝利を保つことである。しかし、その使命はすぐには達成されない。その使命は、やがて時間と備給エネルギーを大量に消費しながら一つずつ遂行されるが、その間、失われた対象は心の中に存在し続ける。記憶と期待の中では、まだリビドーは対象に結び付いているのだが、その一つずつの全てに的が絞られ、過剰備給がなされて、リビドーは対象から引き離される。こうした現実という命令を一つずつ遂行する妥協の実践がなぜ異常なほど苦痛に満ちているのかについて、経済論的根拠を述べるのは容易ではない。奇妙なことに、その抵抗に満ちた苦痛は私達には自然に思える。しかし事実、自我は悲哀の仕事（Trauerarbeit）を完了した後は再び自由になり抑制も取れるのである。[38]

フロイトによれば、自我が対象喪失の現実を受け入れるのは、いわば自己保存本能が働くからである。つまり、健常な場合、人間は死者と心中するのではなく現世で生き続けることを望む。これに対し、限度を越えて自我が消耗している鬱病では、基本的な生存欲求の否定である「不眠や拒食[39]」が見られる。既に見たように、この極限が自殺である。

また、鬱病の変形として「躁病（Manie）」がある。躁病は、鬱病において愛する対象を失った現実を受け入れずに撤収し、自我の内に拘束されていた大量のリビドーが、何らかの契機により「抑鬱や抑制[40]」を脱して、「飢えた人のように新たな対象備給に向かうことで、悩まされていた対象からの自由を明らかに誇示しようとする[41]」症状である。「悲哀の仕事」が躁病とも異なるのは、愛する対象の喪失という現実を受容するために一旦「自我の全エネルギーを消尽する[42]」ところである。

喪失対象にリビドーがまだ結び付いていることを示す記憶と期待の状況の一つ一つの全てに、もはや対象は存在していないと現実は判決を下す。そして、自我はいわば運命を共にするかどうかという問題に直面させられ、生存する方が自己愛的満足の総量が多いと計算して喪失対象との結び付きを解くことを決定する。この解放はとても緩慢に一歩ずつ進むので、その仕事（Arbeit）の完了時には必要とされた精力は使い果たしていると想定できる。[43]

ここで注意すべきは、フロイトが無意識における愛憎感情の葛藤の進行過程を、「鬱病の仕事（melancholische Arbeit）」[44]と呼んでいることである。[45]これは、フロイトが、鬱病では悲哀以上に両価性の葛藤が深刻化しており、これを解消するのが鬱病の課題だと考えていることに由来している。ただし、悲哀にも原初的な形でこの両価性の葛藤が生じる以上、フロイト自身は明言を避けているが、これも「悲哀の仕事」の内に含まれるか、[46]あるいは少なくとも並行していると考えられる（この場合、悲哀は病気ではないので「鬱の仕事」と言えるだろう）。フロイトによれば、両価性の葛藤においては、「憎悪が対象からリビドーを引き離そうとすると、愛情はその猛攻に対してリビドーの定着を守ろうとする」[47]。この繰り返しの内に、喪失対象への愛着は完全に放棄され、その仕事が終了した暁には、「自我は自らが対象に優越していると認識できる満足を享受するのかもしれない」[48]。

悲哀は、対象の死を宣言し、生き残るという報酬を自我に提供することにより、自我に対象を断念する（auf das Objekt zu verzichten）ように仕向けるが、これと同様に、両価性の葛藤の各々は全て、対象を貶め、蔑み、いわば打倒することにより、対象へのリビドーの固着を緩める。自らの怒りが爆発した後か、対象が無価値なものとして放棄された後に（sei es nachdem die Wut sich ausgetobt hat, sei es nachdem das Objekt als wertlos aufgegeben wurde）、この無意識における過程は終了する可能性がある。[49]

以上のように、フロイトのいう「悲哀の仕事」とは、まず自我が愛する対象の喪失という現実の受け入れに努めることである。これは、無意識の生存本能により自動的に推進されるが、自我が現実を意識化して無意識的な願望空想を脱却するという意味では自発的で主体的で能動的と言える。そして、対象へのリビドーの定着としての愛着には量的な限りがあるので、正常な場合「悲哀の仕事」は一定期間内で終了するのだと言える。

また、それと重なる「鬱（病）の仕事」も、愛憎感情の葛藤により喪失対象との愛着を動揺させ切り離す営みである。この両価性の葛藤は、気質に基づき無意識的に駆動するという意味では自動的であるが、自我が無意識的な愛憎感情を自覚し意識化することで促進されるという意味ではやはり自発的で主体的で能動的と言える。いずれにしても、フロイトによれば、鬱病が自然に寛解する場合があるのは、憎悪による喪失対象への愛着の切断が全て完了したためと考えられる。

以上のことから、フロイトのいう悲哀の克服過程としての「悲哀の仕事」では、喪失対象への愛着を心底断念するためには、理性的な自我による無意識の意識化が二重に重要であると読解できる。

これらを要約して、フロイトは「悲哀の仕事」の「正常な帰結[50]」を次のように解説している。

> まず、一つの対象が選択される。例えば、ある特定の人物にリビドーの結び付きが生じる。その愛する人物がもたらす現実の傷や幻滅（*realen Kränkung oder Enttäuschung*）の影響により、この対象関係は動揺させられる。その結果、その愛着対象からリビドーは撤収され、新しい対象へと付け替えられる[51]。

これを言い換えれば、次のようになる。健常な人間は、いつでも愛する相手との別れを受け入れる自制心を持ち、その相手に対する自らの憎悪も受容すべきである。それにより、その相手と決別し、新しい相手を求めることができる。つまり、人間は報われない古い愛は捨て、新しい愛を生きるべきである。そうすれば、「貧しく空虚[52]」だった世界は再び豊かで満ち足りたものになるだろう。

3 「喪の仕事」概念の問題点と可能性

確かに、前節で見たフロイトの「喪とメランコリー」における「喪の仕事」概念の内容には一定の論理的整合性がある。

いつでも、人間は現実を受け入れる理性を保つべきであるし、後ろ向きよりも前向きに生きる方が望ましい。もし愛する対象を失った場合でも、いつまでも未練や後悔に囚われて塞ぎ込んだり人間関係が貧しくなったりするのはやはり健全ではない。外界への新たな興味と意欲と行動は、精神的健康の回復と人生の充実の証である。それらは、グリーフのセルフケアの目標の一つであり、周囲によるサポートケアの目標の一つであることも疑いない。

しかし、喪失対象への愛着の完全な断念を推奨するこのフロイトの「喪の仕事」概念の論理的帰結は、愛着対象との絶対的決別に他ならない。死別について言えば、これは遺族に一刻も早く故人を意識的かつ積極的に忘れることを勧めているのと同じである。これを端的に表現すれば、「死んだ人のことは忘れるのが一番」ということになるだろう。しかしながら、本当に人間は愛する対象を書類棚を整理するように事務的に忘れることができるのであろうか？

もちろん、愛する対象でもそれほど深い関わり合いでなければ、「去る者は日々に疎し」で時と共に忘れることができるかもしれない。それでも、もしその愛する対象が自分の人生のかけがえのない一部であり、生きる意味や目的そのものであったならば、本当に完全に忘れ去ることができるとはとても考えられない。むしろ、もし本来人間が愛着対象を完全に忘却できない生物だとすれば、無理な悲哀の排除はいずれ必ず心身に悪影響を及ぼさざるをえないはずである。

実際に、フロイト自身が自らの理論とは裏腹に、九年経っても二七歳の愛娘ゾフィーとの死別の悲哀を克服できていないことは注目に値する。しかも、フロイトは故人との精神的絆を大切に保持することも積極的に肯定さえしている。

そうした死別後の急性悲嘆が過ぎ去っても、人は苦しいままであり、決して代わりも見つからないものです。他のものでうまく代用できても、何かが違います。そして、実際それで良いのです。あなたが断念せずに愛し続けるには、それしかありません。[53]

この手紙を著書で紹介している弟子のルートヴィヒ・ビンスワンガー（1881-1966）は、この文章をフロイトの「喪とメランコリー」の理論内容と比較して、「『人間性』の広さと深さにおいて、人間フロイトは学者フロイトよりも遥かに勝っている」[54]と称賛している。しかし、権威ある学者であるフロイトが「喪とメランコリー」を公刊している以上、これはそうした美談で済む話ではない。なぜなら、もしフロイトが学者として正式に発表した「喪の仕事」概念が人間的には不十分なものであるならば、それを盲信的に臨床に適用した場合、クライアントの健全な悲哀の克服にとって無効であるどころかかえって逆効果になりかねないからである。

実際に、ジョージ・A・ボナーノ（1950-）は、『リジリエンス』（二〇〇九年）で、フロイトの「喪の仕事」概念を批判して、喪失対象について繰り返し意識化することは脳のシナプス結合を強化するので忘却にはむしろ逆効果であると警告している。

喪の「仕事」において、何かについて一生懸命考えたり繰り返し考えたりすれば一体どうなるだろうか？やはり、私達の亡くなった愛する人の記憶はより鮮明になり、意識を占拠するようになる。何かが心に浮かぶほど、その神経回路は強められがちである。また、別々のことを一緒に考えると、両者の連関やその連絡通路は強められる。従って、亡くなった愛する人と結び付く「記憶や期待の一つずつ」を直視することで最も起こりやすい結果は、実際にそれらの連関がより強化されることである。[55]

そうであるならば、フロイトの「喪の仕事」概念は、精神的健康の回復という目標とは逆に、不健康に無意識の願望や衝動を抑圧し続けることを勧めていることになる。従って、これ一つとっても、フロイトの「喪の仕事」概念をそのまま無批判に臨床に適用するのは問題であり、少なくとも何らかの検証や留保が必要であることは間違いない。

さらに、そもそも人間は喪失した愛着対象と絶対的に決別すべきなのだろうかという根本的疑問がある。確かに、喪失対象を忘れられるほど他の対象に没頭できることは健康的と言って良い。しかし、それは喪失対象と絶対的に決別しなくても可能なはずである。少なくとも、過去を全て切り捨てるのではなく、喪失対象への愛と思い出を大切にしながら新たな対象との愛着関係を結ぶことは両立可能である。

例えば、パートナーと離縁したり死別したりした人の場合、そのパートナーとの過去を全く無かったことにすることは、本人にも新たなパートナーにも不可能である。なぜなら、人間は関係性の持続的蓄積としての「アウラ」的存在であり、一度他者と関係性を持ったならば必ずその関係性を含み込んだ存在になるからである。[56]そうである以上、過去を完全に無かったこととして隠蔽するよりも、どの程度明示化するかには濃淡があるとしても、やはり過去を織り込んだ上で新たな人間関係を築く方がより安定的と言える。

いずれにしても、こうしたフロイトの「喪の仕事」概念に代表される、喪失対象との精神的絆を断ち切る古典的理論に対し、現在のグリーフケア研究では、精神的絆を継続する理論が優勢になっている。つまり、一定の期間を超えても喪失対象への愛着を失わないことは、必ずしも病的悲哀や現実適応の失敗ではなく、喪失対象との精神的関係を結び直し、その喪失対象に基づいていた人生の意味や目的を築き直すものとして肯定されている。[57]

例えば、継続する絆の例としては、死別の際に遺族が故人を完全に忘れ去るのではなく、訃報を通知したり、葬式をあげたり、墓参したり、形見を整理したり、記念日に行事を行ったりして、故人をそのたびごとに偲ぶことが挙げられる。また、故人が天国から見守ってくれているといった物語を個人的に内面化したり、故人の生前の行いを社会的に顕彰すること等もこれに含められる。これらは、故人との関係を個人的・社会的に再構築することで遺族の動揺する心身を安定させる効力があると考えられる。

その意味では、むしろこうした絆を継続させようとする主体的行為の方が、私達が普通連想する「喪の仕事」に相当する。つまり、喪失対象との断絶を説くフロイトの「喪の仕事」概念のもう一つの問題点は、「喪の仕事」として一般的にイメージされるものとその理論内容がズレていることである。それにもかかわらず、両者が同一視されやすいのは、「喪の仕事」という用語が慣習的な実体験を想起させるので、権威を持つとされるフロイトのテキストの中に書かれていないことまで過剰に読み込ませてしまうからだと思われる。

何よりもまず、フロイトの「喪の仕事」概念に違和感を覚えるのは、問題が全て利己的な利害損得の観点から論じられている点である。実際に、この概念を丁寧に読み解くならば、故人の無念を心の内で慰めたり、故人の生前の愛情や恩義に感謝したり、故人に対する生前の言動を反省したり、故人の分まで立派に生きようと決意を新たにするといった、広く一般に見られる利他的・献身的な要素がほとんど論じられていないという問題がある。

また、純粋に理論上の問題を言えば、よく知られているように、フロイトのいうリビドーを性的な心的エネルギーと捉えるか一般的な心的エネルギーと捉えるかという難問がある。さらにフロイトは、悲哀を健康、鬱病を病気と理論先行的に分類し、しかもその力点は鬱病の説明に置かれているために、悲哀との中間に曖昧な領域が生じているという問題もある（例えば、二年を超える悲哀は全て鬱病なのか等。二項対比の理路上、本章は病的悲哀を鬱病と換言したが、フロイトのテキストでは両者が同一なのかは必ずしも明らかではない）。そして、フロイトは「喪の仕事」において、理性的な無意識の意識化ばかり重視しているが、やはり感性も持つ生身の人間ならば喜怒哀楽の感情の発散もまた重要なのではないかという疑問がある。

このように、フロイトの「喪の仕事」概念は様々な不備や問題を抱えている。それでは、この概念に有効性はないのであろうか？

留意すべきは、やはりこのフロイトの「喪の仕事」概念には有効性もあることである。例えば、喪失対象との過去を一切清算して新たな人生を立派に歩む人達は現実に少なからず存在する。また、家庭内暴力や学校教師や職場上司によるハラスメントを始めとして、もし愛着対象との関わりが有害無益な場合は、過度の期待や理想化から脱却し、盲信や妄執を断ち切って絶縁することも必要である。そうした場合には、フロイトの「喪の仕事」概念は非常に有効な理論モデルと言うことができる。

結論を言えば、グリーフケアにおいては、喪失対象との精神的絆を切断するか継続するかについては二者択一ではなく臨機応変に使い分けることが大切である。過去との精神的絆を切断する方が良いのか継続する方が良いのかは、時に個人の中でさえ揺れ動く。そうである以上、私達はクライアントを「プロクルステスの寝台」に縛り付けるのではなく十分に自由を担保し、その両方の傾向を見定めつつバランス良く寄り添うことこそが重要であると指摘できる。

以上のように、フロイトの「喪の仕事」概念は、対象に愛情（心的エネルギー）を注ぐことを「備給（ca-thexis）」とし、これを喪失対象から完全に撤収することを最終目標とするものであった。それでは、なぜフロイトはこのように喪失対象との絶対的決別というある意味で偏った結論に辿り着いたのであろうか？

思想上の理由の一つは、フィリス・R・シルヴァーマン（1927-2016）とデニス・クラス（1940-）が『継続する絆』（一九九六年）の序論で考察するように、フロイトの精神分析理論が相互依存よりも個人の自律性と非依存性を重視する近代西洋的価値観に影響されていたことである。[58] そこでは、主体的個人が理性を通じて内面のみで問題を解決することが称揚され、他者との関係性は等閑視されることになったのだと言える。

しかし、もしそうした主体的個人が理性を働かせること自体が愛着対象からの心的エネルギーの供給（及びそれにより形成される基本的信頼感）を基盤としているならば、肝心の愛着対象を喪失した場合にはそもそも理性を働かせることができないことになる。もしそれができるとすれば、それは既に心的エネルギーが十分に備蓄されているか、あるいは他の愛着対象から心的エネルギーの供給があるという恵まれた環境にある場合だけである。フロイト自身はそうした幸運な境遇にいたので、この条件は盲点になっていたのであろう。しかし、誰もがそうした恵まれた環境にあるとは限らない以上（例えば孤児の場合等）、喪失対象や周囲との関係性を除外して個人が理性的に内面だけで問題を全て解決できるとするフロイトの理論にはやはり普遍妥当性の面で問題があると言わざるをえない。

さらに、フロイト自身の個人歴に由来する特殊な理由も考えられる。実際に、小此木啓吾は『対象喪失』で、「『悲哀の仕事』の洞察は、父ヤーコブの死に対するフロイト自身の喪の仕事の主体的体験から生まれた」ためであると示唆している。つまり、一八九六年に死んだ父親に対する、フロイトの息子としての愛憎や対抗心という個人的な心理条件がその理論構築に偏った影響を与えたのだと説明している。[59]

これを受けて、山本力（1950-）は『喪失と悲嘆の心理臨床学』（二〇一四年）で、「さらに父親との死別だけでなく、ブロイエル、フリース、そしてユングら親友や愛弟子との離別もフロイトの対象喪失論を理解する上で欠かせない」と補足している。すなわち、特に自らの学問的後継者として絶大な愛と期待の対象であったカール・グスタフ・ユング（1875-1961）と一九一三年に決別したことで、「ユングへの愛と期待を撤収すること、つまり脱カセクシスこそモーニングワークの結末であるとフロイトは考えたのではなかろうか」と喝破している。[60]

出来事とテキストの時系列的な照応関係から考えて、これらの洞察の蓋然性は極めて高い。そうである以上、やはりフロイトの「喪の仕事」概念は、そうしたフロイト個人の特殊事情の偏った影響を考慮しなければならないと主張できる。

フロイトの「喪の仕事」概念は、対象喪失による悲哀とその回復の問題について、広く後世の関心を集め、最初の理論的枠組みを提出するという意味では極めて有益であった。また、既述したように、愛着対象との関係が危険であったり不利益であったりする場合には少なくない有効性も有している。その一方で、臨床の現実に即して用いなければ全く逆効果を生む危険性も孕んでいることは既に見た通りである。その両面を見極めた上で、このフロイトの「喪の仕事」概念は今後もグリーフケアの研究と実践に役立てられていくべきであると結論できる。

注

引用は、既訳を参考の上全て拙訳している。

1 Sigmund Freud, „Trauer und Melancholie“, in *Internationale Zeitschrift für Ärztliche Psychoanalyse*, 4 (6), Leipzig and Vienna: Hugo Heller, 1917, S. 288-301. この論文は、一九一四年に精神分析協会の会合で報告され、一九一五年にほぼ完成していたが、公刊は一九一七年である。なお、フロイトは一九一六年の小論「無常」では、まだ悲哀を十分に理解できていないと告白している。「愛したり賛美したりしているものを失うことに対する悲哀（Trauer）は、一般人にはとても自然なので当然だと見なされている。しかし、心理学者にとっては、悲哀は一つの大きな謎であり、誰も自分では明らかにしないまま別の不明なものに帰する現象の一つである。私達の考えでは、私達はリビドーと名付けられる一定量の性愛能力を有しており、それは私達の発達の最初においては自分自身の自我に振り向けられている。後に、とはいえ実際にはごく初期からなのだが、リビドーは自我から対象へ向け変えられ、いわば私達は対象をそのような形で自我に取り入れる。もしその対象が棄損されたり喪失されたりすると、私達の性愛能力（リビドー）は再び自由になる。リビドーは他の対象を代替物とするか、あるいは一時的に自我へ戻りうる。しかし、なぜこのリビドーが対象から分離することがとても苦痛に満ちた過程であるのかについては、私達はよく理解していないし、それを現在のところいかなる仮説から引き出すこともできない。そう、これが悲哀である」（Sigmund Freud, „Vergänglichkeit“, in *Gesammelte Werke: chronologisch geordnet*, Band 10: Werke aus den Jahren 1913-1917, Frankfurt am Main: S. Fischer, 1946, Achte Auflage 1991, S. 359-360. 邦訳、「無常」本間直樹訳、『フロイト全集』第一四巻、二〇一〇年、三三一頁）。

2 本章では、「Trauer und Melancholie」からの引用は全て次の全集から拙訳し、頁番号のみを記す。Sigmund Freud, „Trauer und Melancholie“, in *Gesammelte Werke: chronologisch geordnet*, Band 10: Werke aus den Jahren 1913-1917, Frankfurt am Main: S. Fischer, 1946, Achte Auflage 1991, S. 428-446.

3 Sigmund Freud, “Mourning and Melancholia”, in *The Standard Edition of the Complete Psychological Works of Sigmund Freud*, translated from the German under the general editorship of James Strachey, in collaboration

with Anna Freud; assisted by Alix Strachey and Alan Tyson, Volume 14 (1914-1916), London: Hogarth Press, 1957.

4 邦訳の題名は、当初「悲哀とメランコリー」が多かったが、近年では「喪とメランコリー」が主流になっている。「悲哀とメランコリー」井村恒郎訳、『フロイト選集』第一〇巻、日本教文社、一九五五年（改訂版一九七四年）。「悲哀とメランコリー」井村恒郎訳、『フロイト著作集』第六巻、人文書院、一九七〇年。「喪とメランコリー」『人はなぜ戦争をするのか』中山元訳、光文社古典新訳文庫、二〇〇八年。「喪とメランコリー」伊藤正博訳、『フロイト全集』第一四巻、岩波書店、二〇一〇年。「喪とメランコリー」『メタサイコロジー論』十川幸司訳、講談社学術文庫、二〇一八年。なお、本稿の「Trauer und Melancholie」からの引用は全て、以上の既訳を参考の上拙訳している。以下、邦訳の該当頁は全て『フロイト全集』第一四巻を示す。

5 S. 442. 邦訳、二八九頁。

6 山本力「死別と悲哀の概念と臨床」『岡山県立大学保健福祉学部紀要』第三巻一号、一九九六年、六頁。

7 伊藤正博訳及び十川幸司訳。

8 中山元訳。

9 井村恒郎訳。

10 小此木啓吾『対象喪失――悲しむということ』中公新書、一九七九年、一〇〇頁。

11 Erich Lindeman, “Symptomatology and management of acute grief”, *The American Journal of Psychiatry*, 101, 1944, pp. 141-148.

12 S. 428-429. 邦訳、二七三-二七四頁。

13 S. 429. 邦訳、二七四頁。

14 Sigmund Freud, „Bemerkungen über einen Fall von Zwangsneurose“, in *Gesammelte Werke: chronologisch geordnet*, Band 7: Werke aus den Jahren 1906-1909, Frankfurt am Main: S. Fischer, 1941, Siebte Auflage 1993, S. 408-409. 邦訳、「強迫神経症の一例についての見解〔鼠男〕」福田覚訳、『フロイト全集』第一〇巻、岩波書店、二〇〇八年、二一一頁。また、フロイトは同稿のための覚書では、「通常の悲哀は一年半から二年で終わる」と述べている（Sigmund Freud, „Originalnotizen zu einem Fall von Zwangsneurose (»Rattenmann«)“, in *Gesammelte Werke*, Nachtragsband: Texte aus den Jahren 1885-1938, Frankfurt am Main: S. Fischer, 1987, S. 526. 邦訳、「強迫神経症の一例（「鼠男」）のための原覚え書き」総田純次・福田覚訳、『フロイト全集』第一〇巻、三〇五頁）。

15 S. 429. 邦訳、二七四頁。
16 S. 431. 邦訳、二七七頁。
17 S. 429. 邦訳、二七四頁。
18 Sigmund Freud, „Metapsychologische Ergänzung zur Traumlehre", in *Gesammelte Werke: chronologisch geordnet*, Band 10: Werke aus den Jahren 1913-1917, Frankfurt am Main: S. Fischer, 1946, Achte Auflage 1991, S. 420. 邦訳、「夢学説へのメタサイコロジー的補遺」新宮一成訳、『フロイト全集』第一四巻、岩波書店、二〇一〇年、二六四頁。
19 S. 430. 邦訳、二七五頁。
20 S. 430. 邦訳、二七五頁。
21 S. 436. 邦訳、二八一‐二八二頁。
22 S. 434. 邦訳、二八〇頁。
23 S. 435. 邦訳、二八一頁。
24 S. 444. 邦訳、二九一頁。
25 S. 446. 邦訳、二九三頁。
26 S. 437. 邦訳、二八三頁。
27 S. 446. 邦訳、二九三頁。
28 S. 431. 邦訳、二七六頁。
29 S. 440. 邦訳、二八六頁。
30 S. 432. 邦訳、二七七頁。
31 S. 438. 邦訳、二八四頁。
32 Freud, „Bemerkungen über einen Fall von Zwangsneurose", S. 444. 邦訳、「強迫神経症の一例についての見解〔鼠男〕」二五一頁。
33 S. 430. 邦訳、二七五頁。
34 Sigmund Freud, „Hemmung, Symptom und Angst", in *Gesammelte Werke: chronologisch geordnet*, Band 14: Werke aus den Jahren 1925-1931, Frankfurt am Main: S. Fischer, 1948, Siebente Auflage 1991, S. 205. 邦訳、「制止、症状、不安」大宮勘一郎・加藤敏訳、『フロイト著作集』第一九巻、岩波書店、二〇一〇年、一〇一頁。

35 S. 439. 邦訳、二八六頁。
36 S. 431. 邦訳、二七六頁。
37 S. 439. 邦訳、二八六頁。
38 S. 430. 邦訳、二七五－二七六頁。
39 S. 431-432. 邦訳、二七七頁。
40 S. 441. 邦訳、二八八頁。
41 S. 442. 邦訳、二八八頁。
42 S. 442. 邦訳、二八九頁。
43 S. 442-443. 邦訳、二八九頁。
44 S. 443. 邦訳、二八九頁。
45 小此木啓吾は、この「メランコリー（鬱病）の仕事」を「悲哀の仕事」と対比すべき一つの心的プロセスと見なしている。小此木啓吾『現代の精神分析——フロイトからフロイト以後へ』講談社学術文庫、二〇〇二年、一五二頁。
46 実際に、小此木啓吾は次の文献では「メランコリーの仕事」の内容を「悲哀の仕事」に含めている。小此木啓吾『フロイト思想のキーワード』講談社現代新書、二〇〇二年、一七九－一八〇頁。
47 S. 444. 邦訳、二九一頁。
48 S. 445. 邦訳、二九二頁。
49 S. 445. 邦訳、二九二頁。
50 S. 435. 邦訳、二八一頁。
51 S. 435. 邦訳、二八一頁。
52 S. 431. 邦訳、二七七頁。
53 一九二九年四月一二日付のフロイトからビンスワンガー宛の書簡。Ludwig Binswanger, *Erinnerungen an Sigmund Freud*, Bern: Francke, 1956, S. 102. 邦訳、L・ビンスワンガー『フロイトへの道——精神分析から現存在分析へ』竹内直治・竹内光子訳、岩崎学術出版社、一九六九年、一一六頁。また、フロイトは一九二三年の四歳の孫ハイネルレとの死別の悲哀を六年後も克服できていない。「一九二三年に亡くした孫を忘れられません」（Ebenda, S. 103. 邦訳、同前、一一八頁）。
54 Ebenda, S. 102. 邦訳、同前、一一六頁。

55 George A. Bonanno, *The Other Side of Sadness: What the New Science of Bereavement Tells Us About Life After Loss*, New York: Basic Books, 2009. 邦訳、ジョージ・A・ボナーノ『リジリエンス——喪失と悲嘆についての新たな視点』高橋祥友監訳、金剛出版、二〇一三年、三二頁。

56 秋丸知貴「ヴァルター・ベンヤミンの『アウラ』概念について」『モノ学・感覚価値研究』第六号、京都大学こころの未来研究センター、二〇一二年、一三一－一三八頁。

57 「継続する絆」研究の展開については、次の文献を参照。髙木慶子編著・上智大学グリーフケア研究所制作協力『グリーフケア入門——悲嘆のさなかにある人を支える』勁草書房、二〇一二年。島薗進『ともに悲嘆を生きる——グリーフケアの歴史と文化』朝日新聞出版、二〇一九年。

58 Dennis Klass, Phyllis R. Silverman, and Steven L. Nickman (eds.), *Continuing Bonds: New Understandings of Grief*, New York: Taylor & Francis, 1996.

59 小此木『対象喪失』。特に第三章「フロイトと転移の中の喪の仕事」を参照。

60 山本力『喪失と悲嘆の心理臨床学——様態モデルとモーニングワーク』誠信書房、二〇一四年。特に第二章「対象喪失論の起源と展開」を参照。

（初出：秋丸知貴「ジークムント・フロイトの『喪の仕事』概念について——その問題点と可能性」『グリーフケア』第九号、上智大学グリーフケア研究所、二〇二一年、六七－八三頁。なお、本書再録に当たり文言を一部変更したところがある。）

第9章　心理的葛藤における知的解決と美的解決

——比較文化的観点によるグリーフケアの一考察

秋丸　知貴

思想家の中江兆民（1847-1901）が『一年有半』（一九〇一年）で、伝統的な日本人の思想態度の不徹底性を「わが日本古《いにしえ》より今に至るまで哲学なし」と嘆き、日本における「純然たる哲学」の成立を切望したことはよく知られている。[1]

しかしその一方で、その兆民が正に同じ『一年有半』で、咽頭癌により余命一年半の宣告を受け死期を待つ中で、三味線を伴奏とする語り物音楽の一種である浄瑠璃を何度も生き甲斐として楽しみ、「朝《あした》に道を聞て夕《ゆうべ》に死すとも可なり」とまで賛美していることは事実である。[2]

これに関連して、哲学者の中村雄二郎（1925-2017）は『哲学入門』（一九六七年）で、「わが国においては、『美意識』や広義の『美学』が『哲学』のかわりを果していることが多い[3]」と論じている。

すでに多くの人によって指摘されているように、たしかにわれわれ日本人は、その「美的態度」において生活を「芸術化」することに長じ、短歌や俳句などに端的に見られるように、生活の断片、自然の片隅のうちにも芸術的世界をつくり出し、衣食住の生活のすべてにわたって美的フォーム（かたち）が秩序を形づくることを、文化類型（カルチュラル・パターン）上の特色としてもっている。したがってまた、日常生活上の判断基準において、「美意識」の支配するところ、しばしば、真偽や善悪に対して「美・醜」や「潔白・けがれ」が優先し、代用することにもなる。[4]

このことは、古代ギリシャ以来の価値の三領域を「真」「善」「美」とした場合に、日本では思想態度の不徹底性ゆえにそれぞれに対応する「哲学」「倫理学」「美学」等の論理的思考は発達しなかった代わりに、短歌や俳句等の芸術がそれらの代用となっていた可能性を示唆する。

この仮説の一つの検証として、本章は比較文化的観点から、西洋と日本におけるグリーフケアの差異の問題に注目する。結論として、心理的葛藤の解決方法において、日本では精神風土に即した「美的解決」という傾向があることを指摘する。

1　日本における詩歌の日常性と倫理性

最初に、日本の文化類型上の特色として、短歌や俳句等の芸術が日本人の日常生活に広く浸透し、それが価値判断上の一つの秩序を成していることを見てみよう。

この問題に関する重要な文献が、イギリス国籍を持ち日本に帰化した文筆家ラフカディオ・ハーン（小泉八雲：1850-1904）の「小さな詩」（一八九九年）である。この随筆で、ハーンは一八九〇（明治二三）年に来日して以来実際に見聞した日本の詩歌の文化的特徴を的確に分析している。

ここでハーンのいう「小さな詩」とは、短歌のことである。基本的に、短歌は、和歌つまり日本古来の短詩の内、五・七・五・七・七の三一音節でできているものを指す。また、短歌の冒頭のみが発展し、五・七・五の一七音節で季語があるのが俳句、五・七・五の一七音節で季語がないのが川柳である。

ハーンはこの「小さな詩」という小論の中で、日本の詩歌の文化的特徴として特に二つのことを指摘している。一つはその日常性であり、もう一つはその倫理性である。

まず、ハーンは日本における詩歌の日常性について次のように書いている。ハーンは、日本では社会的地位の高低に関係なく、貴族から庶民に到るまで誰もが詩歌の作り手であり読み手であると説いている。また、日本では詩歌が精神的にだけでなく即物的にも身の回りに満ち溢れていると紹介している。

> 日本では、詩歌は空気のように普遍的である。誰でも、詩歌が分かる。誰でも、詩歌を読む。ほとんど誰もが――階級や身分に関わらず――詩歌を作る。だから、詩歌は人々の心の中に遍在しているだけでなく、あらゆるところで耳に聞こえ、目に見える！[5]

ハーンは、日本ではいつもどこかで詩歌を耳にすると言っている。特に、働く時には誰もがよく詩歌でリズムを取っていると述べている。

> 耳に聞こえる詩歌はと言えば、働いているところではどこでも歌声がする。田畑の労役や街路の労働は、口ずさむ詩句のリズムに合わせて行われる。それで、歌が蝉の生命の表現であるのとほとんど同じ意味で、歌は人々の生命の表現であるように思われる……。[6]

また、ハーンは日本ではいつもどこかで詩歌を目にすると語っている。特に、家屋の内部の襖にはよく漢字やひらがなで詩歌が描かれていると伝えている。

目に見える詩歌について言えば、装飾の一形式として――漢字やひらがなで――あらゆるところに書かれたり彫られたりしている。幾千幾万の住宅において、部屋を分け押し入れを閉じている襖の表面には、漢字やひらがなの装飾的文章が記されているのを見るだろう――そして、それらの文章は詩句なのである。[7]

さらに、ハーンは日本の家屋では詩歌が書かれた紙がよく飾られていると話している。また、色々な家具や小物や衣服にも詩歌が装飾として施されていると観察している。

普通、上流階級の邸宅には、いくつもの鑑賞用の書額や掛軸がある――いずれも全てその意匠において美しく書かれた詩句を有している。のみならず、詩歌はほとんどあらゆる種類の家庭用品――例えば、火鉢、鉄瓶、花瓶、木盆、漆器、陶器、高級箸に――爪楊枝にさえ見出される！　店看板、壁板、戸襖、団扇には、詩歌が描かれている。頭巾、着物、布幕、手拭、絹裏、女性用の縮緬の下着には、詩歌が織り込まれている。便箋、封筒、財布、鏡入れ、旅行鞄には、詩歌が刷られている。詩歌は、琺瑯容器に印され、銅製品に彫られ、鉄製煙管に刻まれ、煙草入れに縫い込まれている。詩句が施された品物をこれ以上数え上げても、努力の無駄である。[8]

これに加えて、ハーンは人々が集って詩歌を詠む慣習についても次のように触れている。

多分、読者は、人々が集まって歌を作り、花咲く木々を祝う習慣を――また、色付きの短冊に詩歌を書いて細い竹に飾り付け、それら全てが風に吹かれて無数の小さな旗のようにはためくのが道端からも眺められる――星空の神々に捧げる七夕祭りも知っているだろう……。[9]

そして、ハーンはどんなに田舎でどんなに貧しい生活をしていても日本人は詩歌を嗜むことに注意を促している。

多分、あなたは木々も花々もない日本の村落に行くことがあるかもしれないが、目に見える詩句が一つもない村落に行くことは決してないだろう。あなたは――私が経験したように――友愛を示してもお金を出しても、貧し過ぎてまともなお茶一杯さえ得られない集落に迷い込むことがあるかもしれないが、詩歌を作ることのできる人が一人もいない集落を見つけることはできないと私は信じている。[10]

このように、日本では詩歌が身の回りに満ち溢れている事実は、日本人にとってはとても普通なので特に珍しくはないように思われる。しかし、この誰もが詩歌を作り、鑑賞し、日常生活の中で享受するという日本人の生活様式は、世界的に見れば珍しい部類に属する。

そのことは、特に西洋との対比において明瞭に表れる。古代ギリシャ・ローマでは、詩は自由学芸に属する優れた知性の証とされ、詩作とその鑑賞はごく限られた教養人にだけ許された特権的な行いであった。その伝統が受け継がれたユダヤ・キリスト教文化圏でも、詩は神の似姿として人間に付与された理性による崇高な思想的構築物であり、詩作とその鑑賞は極めて文化程度の高い知的エリートによる営みであった。

事実、フランスの文筆家ポール＝ルイ・クーシュー（1879-1959）は『アジアの賢人と詩人』（一九一六年）所収の「日本の情趣」（初出一九〇七年）で次のように対比している。

われわれの国では、芸術家は特権階級の一つである。いわば一つの選ばれた階級である。〈芸術を解さない俗物〉とは根本的に区別される。それは芸術に要する技の難解さから来る。即興で画家になったり、音楽家になったり、詩人になったりはできないのである。日本では、同じ筆で絵も描けば字も書く。〔…〕誰もが、気づかぬまま、詩人であり、音楽家であり、画家である。収穫のあと国中をめぐる巡礼に出かける農夫は、帯の間に小さな手帳をはさんでおり、そこに、あるときは一筆書きで、あるときは三行の詩に、つれづれの思いを書き留めた。芸術心はあまねく庶民全体に行きわたっている。そうした心が国中に満ち満ちている。生活に染み込んでいる。[11]

また、フランスの文筆家アナトール・フランス（1844-1924）もこの本の序文で、「日本では画も詩も同じ筆で書き、詩は学のある人だけのものではない。芸術は万人のためにある」とし、「誰もが詩人や画家や音楽家である」と告げている。[12]

だから、一般に西洋人が来日して驚くことの一つは、新聞に毎日数多くの俳句の投稿があることである。日本の俳句人口は数百万人から一千万人程度と見積もられているが、これは西洋の常識からすると極めて異常な事態であり、正に日本は世界から見れば「詩の大国」と言える。

この日本における詩歌の大衆性は、現代でも継続している。実際に、俳人の黛まどか（1962-）は『引き算の美学』（二〇一二年）で次のように記している。

今から十数年前の橋本内閣組閣の日、ニューヨーク・タイムズの東京支局長が俳句の話を聞きたいと訪ねてきた。「組閣の取材に行かなくてよいのですか?」と私が尋ねると、彼は「私は今、日本の政治よりむしろ詩に興味があります」と笑って答えた。支局長は数か月前に赴任したばかりだった。日本でくらし始めて一番驚いたことが、俳句や短歌、川柳といった短詩型文学の圧倒的な人気だったという。地方紙を含むほとんどすべての新聞、一般週刊誌に俳句、短歌、川柳の投稿コーナーがあり、そこに毎週夥しい数の作品が寄せられていること、お茶のペットボトルやキャンディの袋などに素人の俳句が印刷されていることなど具体例を挙げ、世界中で詩集の出版や詩作が低迷している現代にあって驚嘆すべきことだと言った。「日本は経済大国であるだけでなく、詩の大国でもあったのです！」[13]。

また、黛は日本ではそうした詩歌と縁の深い生活は古来の文化的伝統であるとして、ハーンの「小さな詩」に次のように言及している。

支局長の話を聞いて、あらためてどの新聞にも短詩型のコーナーがあること、これまで尋ねた外国で、ペットボトルに詩が書いてあるところはなかったことなどを思った。支局長の言葉を聞くまで考えたこともなかった……それくらい詩がそばにあるくらしが普通になっていたのだ。尤もそれは、今に始まったことではない。小泉八雲（一八五〇－一九〇四年）は、お金を出してもお茶一杯出せない貧しい村はあるが、詩を作る人が一人もいない村を探すのはこの国では難しいだろうと述べている。万葉の時代から、いやきっともっとその前から、日本人はくらしの中に詩を置き、労働の辛さや恋の苦しさや喜びを、別れの悲しさを自然の美しさを、命の尊さを詠い続けてきた。詠うことが、苦しみからの解放になり、命の確認でもあったのだ。[14]

このように、確かに日本では西洋とは異なる詩歌の日常性がある。このことに気付いたのがそうした文化的伝統を相対化しやすかったハーン等の西洋人であることも、比較文化的に興味深い事実と言える。

それでは、次にハーンが取り上げている日本における詩歌の倫理性について見てみよう。

まず、ハーンは、日本では詩歌を作ることは単なる余興や道楽にとどまらずに真剣な倫理の追求でもあると説いている。それも、思索を通じて物事の善悪を問う倫理の追求ではなく、いかに立派であるかやいかに心が研ぎ澄まされているかという美意識による倫理の追求であると指摘している。つまり、日本における詩作の特徴の一つは、理不尽な不幸や死に対する自制心を示すことであり、その意味で精神的な気丈さや高潔さを証立てるものである。

第一の奇妙な事実は、極めて古代から、日本では短い詩歌を作ることは、単なる文芸としてよりもむしろ一つの倫理的義務として行われてきたことである。その古来の倫理的教えは、大体次のようなものである。「お前は、非常に怒っているのか？　良からぬことは何も言わずに、詩歌を作れ。お前の最愛の人が、死んだのか？　無益な悲嘆にふけらずに、詩歌を作って心を和らげるようにせよ。お前は、あまりに多くのことをやり遂げぬまま死ぬので悩んでいるのか？　心を奮い立てて、辞世の詩歌を作れ！　どんな不正や不運がお前の心を乱しても、できるだけ早くお前の怒りや悲しみを脇に置いて、倫理的訓練として真面目で優雅な詩歌をいくつか作れ[15]」。

ここで言われていることは、古来日本では、辛いことや悲しいことがあった時には愚痴をこぼすのではなく心を感動させるような素晴らしい詩歌を作る方が良いとする慣習が存在したという事実である。その方が、自分も負の感情を昇華できるし、周囲からも高く評価されることになる。

従って、往時あらゆる種類の心痛は詩歌に出合った。死別、生別、災難は、哀哭の代わりに詩歌を喚起した。貞操を失うよりは死を選ぶ淑女は、自らの喉を刺す前に詩歌を作った。自刃せよと言い渡された侍は、切腹の前に詩歌を作った。この浪漫ならざる時代の明治においてさえ、自殺を決意した若者達はこの世を去る前に詩歌を作るのが常である。また、不運な時に詩歌を作るのは今なお美風とされている。私は、最も耐えがたい困窮や苦難の境遇において――否、死の床でさえ――詩歌が作られるのを頻繁に見聞きした。それらの詩句は、たとえ何ら異常な才能を示さなかったとしても、少なくとも苦痛の中での異常な自制心を証明するものであった……。確かに、この倫理的実践として詩歌を作るという事実は、これまで日本の詩歌の作法について書かれたあらゆる論説よりも一層興味深いものである。[16]

ここでハーンが指摘しているのは、日本では先に見た詩歌の日常性に基づき、広く一般に詩歌の倫理性が行き渡っている事実である。確かに、古来日本人は身分の貴賤を問わず、嬉しいことがあった時はもちろん、辛いことや悲しいことがあった時にはそれを少しでも和らげるために詩歌を作ることが多かった。すなわち、日本人にとって詩歌を作ることには、美の追求に意識を集中することで精神的苦痛を乗り越え心を落ち着かせるという側面があったと言える。「辞世の詩歌」という慣習は、その最たるものであろう。

これに関連して、クーシューは前掲書所収の「ハイカイ（日本の抒情的エピグラム）」（初出一九〇六年）で、日本の詩歌は悲しみを表現したものが多いと考察している。

ここに一つの民族性が示されていると思う。日本人にとって貴重に思えるものは、喜びではなくて、詩によって緩和され、精神化された純粋な苦しみなのである。〔…〕和歌（ウタ）という古典の詩歌はうんざりするほど哀しみを詠い上げた。和歌は、風に吹かれる松の木々の嘆く声がどんなときに最も悲痛かを詠っている。愛については、苦しみのみを味わい、自然については、涙をさそう面だけを愛でる。題材の幅がより広い俳句の詩形でさえ、同様な傾向に片寄りがちである。明快で陽気な風景は俳句のなかにはほとんどない。[17]

こうした、不運や苦悩を脱却するために詩歌を詠むという行為は、やはり日本人にとってはとても自然なので極めて当たり前のように思われる。[18] しかし、世界中のどこでも日本と同程度にそうした習慣があるかというと必ずしもそうではない。

そのことは、やはり西洋と比較するとよく分かる。もちろん、西洋人も辛いことや悲しいことがあった時に詩を作ることはある。しかし、基本的に西洋人は精神的苦痛を克服しようとする時には、全体的にもっと知的に問題を解決しようとする。つまり、心理的葛藤がある場合、日本が詩歌的詠嘆により解消しようとする傾向が強いとすれば、西洋は哲学的思索により解消しようとする傾向が強い。別の言葉で言えば、心理的葛藤に対し、日本では「美的解決」を、西洋では「知的解決」を求める傾向が優勢であると言うことができる。

2　個人内面における心理的葛藤の知的解決と美的解決

それでは、その個人の内面における心理的葛藤の解消方法についての西洋と日本の差異を詳しく見てみよう。この問題に関する重要な文献が、哲学者の唐木順三（1904-1980）が戦後間もない一九五〇（昭和二五）年に著した『自殺について』である。この小著は、北村透谷、有島武郎、芥川龍之介、太宰治等の近代日本の代表的な自殺者を取り上げて、その近代「日本における自殺の特殊性、自殺にまで導いた原因の特殊性を探[19]」るものであった。

唐木によれば、その近代日本における自殺の特殊性とは、先進的で非妥協的な西洋化された個人主義者ほど「思想と感覚の乖離に苦しんだはてに自らを殺し[20]」やすかったという問題である。なぜならば、古来感性的で情緒的な集団主義の強い日本では、明治以後に西洋型の理性的で論理的な個人主義の受容に努めたけれども、それを肯定的に受け入れる社会が未成熟だったからである。その延長上に無謀な太平洋戦争があったことを、唐木は「感覚の野蓄化と、思想の未成熟」[21]と批判している。これは、戦前・戦中の盲目的で非合理的な集団主義のマイナス面を反省し、日本の文化的伝統を生かしつつ、西洋型の理性的で合理的な個人主義を育むにはどうすれば良いかという当時の思想的課題と真剣に向き合う試みだったと言える。

ここで注目すべきは、唐木がその議論の前段階として、『ドイツ戦歿学生の手紙』（初版一九一八年）と、日本の戦没学生の手記『きけ　わだつみのこえ』（初版一九四九年）の内容を比較して、西洋と日本では死に臨む姿勢に違いがあると指摘している問題である。つまり唐木は、ドイツの戦没学生達が死を目前にして自らの内面をはっきりと言語化し自己主張しようとする傾向があるのに対し、日本の戦没学生達は最後は言葉も思想も曖昧になり、「言葉を極度に節約する俳句、短歌」[22]に流れる傾向があるとしている。そして、この「思想が思想の厳格性を最後まで維持できずに、叙情に流れてしまう」[23]こと、つまり「十七文字や三十一文字をつづることによって思索の線をたちきり、自己をそこへ放棄してしまうこと」に「我々の国民にだけ見られるような一種の特殊性」を見ている[24]。

唐木は、理性による論理性を脱却する和歌の美的な脱論理性について次のように論述している。

詩形は三十一文字になり十七文字になった。言葉はその節約の極限において象徴と化したのである。思想と欲求の媒介の道具であるべき言葉は、その媒介性を放棄して、直接性のまま洗練の極限に到達し、そうなることによって豊かな余韻、余剰を孕んだ。風雅と寂び渋みのユニークな世界である。言葉はここでは概念ではない。概念というほどの明確な輪郭はもたぬ。もののあはれをそこはかとなく伝える情感のひびきである。そこでは野暮と露骨と多言とを斥ける鑑別力は異常に激しい。説明はうるさくしかも無用である。彼らはみずから自然物であろうとするかの如く、説明をきらったのである。所詮、人工は自然にはかなわない。そうしてすなわち即自において一切であろうとしたのである。対自の迂路をまぬるしとしたわけであろう。そうしてそこに、自己の在り方、生活とモラルを立てた。平常底が道となり、美はすなわちという手続を無用にして善であった。[25]

この唐木が指摘した、死に臨む姿勢における西洋と日本の差異に着目したのが、宗教学者の山折哲雄（1931-）である。

山折は「日本人が創る新しい宗教観」（一九九五年）等の複数の著作で、唐木の議論を援用して、同じく『ドイツ戦歿学生の手紙』と『きけ　わだつみのこえ』の内容を比較考察している。[26]

山折もまた、ドイツの戦没学生達は理不尽な戦争の苦しみと死の意味を徹底的に理詰めで考える傾向があるとしている。つまり、殺人は善悪の問題で言えば明らかに悪であるが、それにもかかわらずなぜ戦争では人を殺さなければならないのか、またなぜ命を賭けて戦わなければならないのかについて、その解答を最後まで論理的に思考し問い詰めていく傾向があるとしている。

これに対し、山折は日本の戦没学生達は少し事情が違うと分析している。もちろん、日本の戦没学生達も同様に真剣に理不尽な戦争の苦しみと死の意味をどこまでも論理的に考えるが、「しかしその最後の最後の場面では、その自分の考えをはらいのけて、むしろ和歌を詠んで、その死を受け入れようとしている、そういう傾向がみられる」と指摘している。[27]

つまり、「じつに多くの学生たちが遺言ともいうべき和歌をつくって死について」おり、「短歌の叙情のリズムに自分をまかせて、この世からあの世への境界を乗りこえようとしている気配がみられる」。[28]このことは、「短歌をつくり、いわばその短歌的叙情のなかに、自分の論理的な懐疑あるいは哲学的な苦闘の跡を、すべて溶かし込んで死についていているということ」であり、「短歌を詠むことによって、自分の死をいわば超越的に意味づけ」、「ある種安心立命の境地に達すること」を目指すものだとしている。[29]

山折は、こうした死に際して詩歌に全てを託す情緒的・脱論理的な心性が日本では伝統的なものであることを示す例として、『平家物語』で源三位頼政が切腹を前に辞世の歌を詠む場面を引用している。

埋木《むもれぎ》の花さく事もなかりしに身のなるはてぞかなしかりける[30]

周知の通り、源頼政は平家全盛の時代に源氏としては例外的に従三位まで出世した武士である。しかし、結局は政争に敗れ、いざ切腹という場面で報われなかった自分の人生を省みて詠んだのがこの短歌である。この辞世の歌について、山折は「和歌を詠んで自分の一生を要約し、そのあと切腹して死ぬということは、この世の善悪の枠組を乗り越えて別世界に赴くということでもあった。そのための一つの精神のコントロール装置として、和歌が機能したのだということができるのではないだろうか[31]」と評している。

それにしても頼政の辞世の歌は哀しい。自分の人生は花の咲かない埋れ木のようなものだったといっているからだ。そういうはかない人生を生きたのが悲しいといっている。しかしながらその未練な気持を正直に歌にすることで、かれの心は反って純粋になっている。自分の運命を心静かに受け入れて死につこうと覚悟をきめているからである。それが源三位頼政という武士の死の作法だったのであり、今日いうところの「リビング・ウィル」(自己決定)にあたるものだった[32]。

これに加えて、山折はなぜ「和歌を詠む」ことが「死の恐怖を緩和するための作法」になるのかについて、「短歌のリズム、短歌的叙情のリズムが、彼らの死の恐怖を乗りこえるバネになっていたのかもしれない」と推測している[33]。つまり、現存する最古の歌集である『万葉集』に萌芽が見られる日本の詩歌のリズムは「五七調、七五調」であり、これは「同時にわれわれの呼吸のリズムであり、生命のリズム」である。[34]このリズムは、大自然に淵源を持ち、長い歴史的伝統の中で古典として伝えられ、全てを受け容れるという点で母性に通じている。そして、抑圧された感情を解放し、「いっさいの言挙げをあきらめて短歌の世界へと自己を解消させ[35]」、「概念的思考を内側から融解する短歌的叙情の毒と慰藉の効果」により「理不尽な死の識域を越えていくこと」を可能にするのである。[36]

言い換えれば、これは「極限状況における思想と感情の乖離という事態を、いわば感情表現の過激な拡大（＝短歌的叙情）によって乗り越えようと[37]」する態度である。本章の文脈では、これは心理的葛藤に対する西洋的な「知的解決」とは別種の日本的な「美的解決」と言うことができる。

言うまでもなく短歌は、『万葉集』以来、日本人の心のいちばん深いところを支える美意識や生命観・自然観を形づくってきた叙情の形式です。宇宙的なあるものへの共感に基づく叙情、と言ってもいいかもしれません。日本の学生たちは、最後には、この千年来つづいてきた「短歌的叙情」に身をまかせて、死という危機を乗り越えようとする、というわけです。[38]

3 『ドイツ戦歿学生の手紙』と『きけ　わだつみのこえ』

それでは、実際に『ドイツ戦歿学生の手紙』と『きけ　わだつみのこえ』を読み比べてみよう。

基本的に、『ドイツ戦歿学生の手紙』では最後まで言葉や思想による救済を求める傾向が強い。その場合、特に引用が顕著なのは聖書の文言である。次の実例では、キリスト教の信仰に裏付けられた「愛」や「友情」や「忠実」等の抽象的な概念が苦悩を軽減していることが感じられる。

私たちの努力は祖国に捧げられています。私たちが一切を賭し、最後の力まで出し切る時初めて勝利者になり得るのです。愛する御両親様、この子を悲しまないで、ヨハネ伝福音書の言葉を思い出して下さい。「その命を友の為に捧ぐるより大なる愛はなし。」又別なヨハネの言葉を思い出して下さい。「なんじ死に到るまで忠実なれ、さらば我なんじに生命の冠を与えん!」[39]。

また、直接聖書の文章が引用されない場合でも、キリスト教の教義が精神的な救済になっていることが多い。実例としては、次のものが挙げられる。

私は全く落着いて戦いに赴き、死に直面してもびくともしません。自分が神の御手に護られているのを感じますから。長い迷いの後に自分の救い主であることを知ることの出来たイエス・キリストは私にとっても復活と生命です。――恐らくあなた方は私の確信を共にはなさらないでしょう。しかし私はロッツキーの本の中に立派な言葉を読みました。「人間から神へは沢山の道が通じている。しかし神から人間へは一本の道しかない」[40]。

さらに、次の引用もキリスト教の理念を背景とした精神的救済を示すものと考えられる。

ここは戦争です。凄惨を極めた戦争です。最高の緊張のうちに神の近くにいるのです。いよいよ深刻になります。しかし僕は全く心からのびのびとしていて、朗かです。「我をして行かしめよ――イエスを見んため。」神とその光輝と、僕が人間らしい無智をもって悶えつつあこがれている一切のもの、即ち神の平和を見ることは、どんなにか美しいに違いありません。ああ、僕は頻りに彼岸のことを、喜びをもって考えます。僕は審きを怖れません。僕は如何にも貧しく哀れな罪の子ですが、神の恵みと救世主の愛はどんなに大きいことでしょう。それ故僕も安んじて、びくびくせずに、祖国と愛するドイツ国民のために自分の義務を果たします[41]。

また、ドイツの戦没学生達においては、大自然の美しさに情緒的な癒しを求める場合でも、あくまでもそれを説明的に言語化する傾向がある。次の引用は少し長いが、この長さが正に日本の俳句や短歌と好対照を示していることに注目したい。重要なことは、ここでは自然の美しさは言葉では表現できないと言いながらも、それをできるだけ言葉で表現しようとしているところである。

ああ、それは私にとって、この上なく素晴らしい答えです。その中からは永遠なものが語っています――その中から、また森のざわめき、星の輝き、遠い高い雲の去来、遙かに雲のきらめく時淋しい堤防で歌う雲雀の歌、咲く花、波打つ穀物、友達の眼、それらのものの中から、永遠なものが語っています。永遠や不滅に関するどんな立派な言葉や思想よりも、はてしなく遙かに純粋で清浄で神聖な永遠なものが、非常に純粋に静かに語っているので、海の青い色や風のそよぎそのものの中にも、自然のこの永遠な純粋さと清浄さとを感ずるために、人々は静かに立止まります――非常に静かに、深い重い考えもなく、子供のように、すべてこの偉大なものの見事さを目をみはって見、驚いて口をつぐみながら――[42]。

これらは、やはり西洋では精神的苦痛に対し論理的思考による救済を求める傾向が強いことを示す実例だと言えるだろう。

それでは、これらのドイツの戦没学生達の手紙と対照しつつ、日本の戦没学生達の手記『きけ　わだつみのこえ』を見てみよう。

まず、俳句を二つ引用しよう。次の二句は共に春を示し、大自然の無限感が一つの精神的救いになっていることが感じられる。

菜の花や今日は万里の泣き別れ[43]

月も日も流しやりけり春の潮[44]

また、次の二つの俳句では、大自然の無限感に加えて母親のイメージが一つの精神的慰めになっていることが感受される。

柿の皮さらさら剝けて母恋し[45]

暁《あ》けの冷え夢や母恋い果敢《はか》なくに[46]

次に、短歌を二つ引用しよう。この二首は共に季節を示し、やはり大自然の無限感が一つの精神的慰安になっていることが感じられる。

ふるさとの背戸に匂わん野いばらの白き花がきいまもつづくや[47]

大空に悲しくなきて輪をえがきまい流れゆく秋のとびかな[48]

さらに四つ、短歌を引用しておこう。ここでは、主に母親のイメージが一つの精神的慰撫になっていることが感受される。

あすいゆくわれのほころびをつくろわんとたらちねの母はあかりをつけぬ[49]

ただ一葉端書に何はあらねども、我読み読みぬ母の手なれば[50]

はたとせと三つのいのちはうつしよにかうるものなし母のふみみる[51]

眼を閉じて母を偲べば幼な日の懐《いと》し面影消ゆる時なし[52]

これらの俳句や短歌の制作には、まず抑圧された心理的葛藤を言語化することで解消するという理性的な癒し効果が読み取れる。[53]しかし、ここでそれ以上に注目したいのは、理屈ではどれだけ考えても救いがない苦悩に対し、言語化を極端に切り詰め、定められた音節の美的形式に整えると、感性的な癒し効果が生まれるという事実である。

この場合、まず言葉にならない思いを言語化する理性的な快感情、またそれを縮減することで逆に暗示により想像力が賦活される感性的な快感情、さらにそれが定型の音節に合致する感性的な快感情という、少なくとも三重の癒し効果を分析できる。[54] これが、単なる散文とは異なる、極限まで縮約され音楽的なリズム性を持つ俳句や短歌の独特な癒し効果と言える。

この場合、俳句と短歌ではどちらの方が癒し効果が高いかは一概には言えない。作詩者の気質や作詩時の気分、さらに表現内容の種類等によりそれぞれの癒し効果は度合いが異なるとしか言えない。ただし、形式上の基本傾向として、俳句は文字数が少ない分だけ心情の直接的な純粋さを表わしやすく主体的固執性からも解放されやすい利点があり、短歌は文字数が多い分だけ心情を豊かに盛り込みやすく主体的技巧性も発揮しやすい利点があることを指摘できる。

こうした形式上の快感情に加え、内容上の主題も癒し効果の大きな源泉である。既に見た通り、西洋では特に一神教崇拝が精神的救済に大きく預かっており、その点で相対的に父性的・理性的な自立心が癒し効果をもたらしているように看取される。その一方で、日本では特に大自然信仰が精神的救済に大きく預かっており、その点で相対的に母性的・感性的な依存心が癒し効果に繫がっているように観取される。[55]

4　人間関係における心理的葛藤の知的解決と美的解決

ここで興味深いことは、日本の詩歌による個人内面における心理的葛藤の解消は、人間関係における心理的葛藤の解消にも繫がっている事実である。つまり、詩歌は論理的に解決できない対人関係のトラブルにも一定の調和をもたらす効果がある。

この問題について、ユング派心理学者のジェームズ・ヒルマン（1926-2011）は次のように述べている。ここでいう「葛藤」とは、対人関係の葛藤の謂いである。

日本人は葛藤を美的に解決する手段を持っている。西洋人の場合は葛藤の解決といったら、もうロジックしか考えられない。ところが日本人はロジックを使わずにちゃんと美的に解決しようとしている。[56]

ここで言われている内容は、西洋では対人関係のトラブルが生じた場合は言葉で明確かつ論理的に自分の意見を主張するということである。これに対し、日本では別の形での解決方法を行うことが多いと示唆されている。このヒルマンの洞察を受けて、ユング派心理学者の河合隼雄（1928-2007）は、東西の思想交流の場として著名なエラノス会議における講演「日本の昔話における美」（一九八四年）等で、日本の伝統的心性としての「葛藤の美的解決」の問題を論考している。[57]

友人でユング派の分析家であるジェームズ・ヒルマンが、私に「日本人は葛藤の美的解決法を知っている」と言ったことがある。対立が生じたときに、どちらが正しいのかを判断するために論議をしたり争ったりせずに、「バランス感覚」で答を見出すことを指して、彼はこのように言ったのである。なるほどよく観察しているなと感じた。善悪の判断の争いとなると、時にはそれは徹底的なものになり、血を見ないと終わらないことにもなる。その点、日本人は「美的解決法」を知っているので、流血を避けることができる。倫理的決定の際にバランス感覚がはたらいている。それを「美的」と表現したのである。[58]

河合は、この日本の対人関係における「葛藤の美的解決」の例として、『古事記』におけるホヲリノミコトの神話を引用している。これは、一般に海幸彦と山幸彦の物語として知られている神話である。[59]

まず、ホヲリノミコト（山幸彦）は魚に取られた釣り針を探しに行った海神の宮殿でその娘のトヨタマヒメと結婚する。問題は、そのホヲリノミコトが陸に帰ってきた後、絶対に見ないように禁止されていたトヨタマヒメの出産を覗き見してその正体が大鰐であることを目撃した場面である。

トヨタマヒメは、「心恥《うらは》づかし」と深く傷付き海の中の実家に帰り去ってしまう。しかし、トヨタマヒメは夫のホヲリノミコトを「恨みたまへども、戀しき心に忍びずて」、自分が詠んだ短歌を妹に持たせてホヲリノミコトに送ってくる。その詩意は、夫であるあなたを今も敬慕しているというものである。

赤玉《あかだま》は緒《を》さへ光れど白玉《しらたま》の君が装《よそひ》し貴くありけり

これに対し、ホヲリノミコトもトヨタマヒメに次のような返歌を詠んでいる。その詩意は、妻であるあなたを今でも愛しており決して忘れないというものである。

沖つ鳥鴨著《ど》く島に我が率寝《ゐね》し妹《いも》は忘れじ世のことごとに

つまり、この二つの短歌は、二人が互いに別れを告げつつ変わらぬ愛を伝え合うものと言える。物語はここで終わり、二人の関係はこれで終結する。すなわち、詩歌の交換という情緒的で美的な形式により、人間関係のこじれた問題は根本的には消滅していないけれども、両者の間には妥協あるいは一定の心の安定がもたらされるのである。これは当事者同士のみならず、観察する第三者においても同様である。

河合が指摘しているように、この『古事記』における詩歌の交換は、西洋の神話と比べると極めて円満なトラブルの解決方法である。もちろん、『古事記』でもスサノヲノミコトが最初の詩歌を読む前は、イザナギノミコトとイザナミノミコトの訣別のように恥辱に対する厳しい復讐の例はある。[60] しかし、例えば『ギリシャ神話』における女神アルテミスが覗き見の禁を犯したアクタイオンを鹿に変身させ猟犬に噛み殺させたという物語と比較すれば、このホヲリノミコトとトヨタマヒメの物語は禁止を破った罪に対し死刑を与えるほどまでには善悪の追求が徹底していないと言える。

この話において注目すべきことは、禁止を破ったホヲリに対して、トヨタマヒメは恨みを感じながらも、イザナミのように怒りにまかせて罰を加えようとしないところである。（これは己の裸身を見られたことに対して、アルテミスがアクタイオンに向けた怒りの凄まじさと、極めて対照的である）。そして、結局のところは互いに歌を交換することによって終りとなるのである。禁止を破るものと破られたものとの間の葛藤が、歌の交換という形態によって、何となく解消される。〔…〕このことは西洋人から見るときは、極めて珍しいことに感じられるのではなかろうか。筆者の友人の、アメリカのユング派の分析家ジェームズ・ヒルマンは、日本人は「葛藤の美的解決」ということがうまいのではないか、と言ったが、そのことがここにあてはまるようである。二者間の葛藤は、論理や道徳によって簡単に解決できるものではないし、たとい解決されたとしても不満が残ることが多い。これに対して、日本人はそれを美的に解決する、というのである。[61]

また、この詩歌の交換を重要な調停手段とする日本の神話は、禁断の果実を食べたアダムとイヴが死すべき運命と定められて楽園を追放され、結果的にその子孫のモーセに死守すべき善悪の規範である言葉による戒律「十戒」が授けられた『旧約聖書』と比較すれば、やはり罪に対し死を与えるほどまでには善悪の追求が徹底していないと言える。

この場合、対人関係における倫理を規定するものは、『ギリシャ神話』や『旧約聖書』では善悪等の抽象的・論理的な理念だとすれば、『古事記』では悲嘆や後悔等のより実感的・情緒的な感情である。河合が明察しているように、日本ではこれらの悲哀の感情が個人の欲望を抑え社会的紐帯を守る倫理的規範を形成する傾向が強い。

この場合も、男性神が禁止を破ったことに対する罰がないのが特徴である。その後、トヨタマヒメは妹のタマヨリヒメを、自分の生んだ子どもを育てるようにと送ってくるが、そのとき、トヨタマヒメは歌をホヲリノミコトに贈り、ホヲリノミコトも反歌をして、物語は終る。つまり、両者の葛藤は、極めて美的な方法によって、おさめられるのである。これはある種の解決でもあるが、禁止を破られたときのトヨタマヒメの悲しみ、怒りは、そのまま未解決のまま残されているとも言うことができる。『旧約聖書』の場合、原罪ということが、無限に拡大しようとする人間の欲望に歯どめをかける役割となるが、日本神話の場合は、悲しみ、ということが欲望の拡大に歯どめをかける役割をもつことになったと考えられる。[62]

さらに、河合はこうした悲哀の感情こそが、日本の伝統的な美意識である「もののあはれ」に繋がるものであると評述している。

ここに「美」として感じられるものの背後には、深い悲しみの感情が流れており、これらの感情をひっくるめて「あわれ」と呼んで、日本人は大切にしてきた、と言っていいだろう。本居宣長は『源氏物語』の語らんとすることは「もののあわれ」であると言ったが、日本人にとっては『源氏物語』のみならず、多くの物語にそれを感じると言ってよい。ホヲリとトヨタマの物語にしても、歌に託して愛する気持を述べながら、別れ住むことになる男女、特にその女性の姿に、「あわれ」を感じる人は多いだろう。既に神話の世界に「あわれ」の原型が存在しているのだ。[63]

なお、河合はこうした日本的倫理観の源泉である悲哀の感情を、善悪を問う西洋的な「原罪」に対して「原悲」

と呼ぶことを提唱している。そして、「原罪」が自然的本能を悪とする西洋的自然観に由来するのに対し、そうした「原悲」は人間を大自然の一部と見なす日本的自然観から派生したものだと推論している。

> ここで、このような根源的な「悲しみ」を「原悲」と呼んでみてはどうであろう。ユダヤ・キリスト文化の根本に「原罪」があるのなら、人間と自然とのつながりを切ることのない文化の根本に「原悲」があると言えないだろうか。人間と自然との関係、その折合いをどうつけるかが、大きい問題であることは既に述べた。そのとき、ユダヤ・キリスト教のように、人間が自然と異なることを明確にするときに「原罪」の自覚が必要となるように、人間がその「本性」として自然に還ってゆく、自然との一体感の方に重きをおくときに、「原悲」の感情がはたらく、と思われる。この「原悲」の感情は、おそらくアニミズム的な宗教を背景にもつ文化において、相当に共通しているのではないかと思うが、それをどのように表現し、洗練してゆくかは、それぞれの文化によって、ニュアンスを異にしてゆくと考えられる。[64]

ここで、なぜ河合がこうした非常に単純化された比較分類をするかについては明確な理由がある。それは、ユング心理学の中心概念である「個性化」、すなわち意識と無意識の調和による精神的=身体的健康自体は人類に普遍的に妥当するとしても、その心理療法が西洋の精神風土――理性的で論理的な個人主義を尊重する精神風土――に即している以上、それをそのまま精神風土の異なる日本に適用しても治療の効果がうまく上がらないことが多いという臨床上の問題に直面したからである。そこで、河合は日本古来の神話等から日本の精神風土を読解し、それに適合的である感性的で前言語的な箱庭療法の積極的な取り入れ等を通じて日本へのユング心理学の導入を精力的に推進したのだと理解できる。

このことは、心理療法の一領域であるグリーフケアの問題にも繋がっている。つまり、グリーフケアとは、愛着対象の喪失に対する予期や体験による強い悲哀や苦悩を癒すことを指す。この場合、そうした悲哀や苦悩の慰藉に言葉や論理的思考が大きな力を持つことは古今東西共通している。実際に、『きけ わだつみのこえ』でも、日本の戦没学生達は精神的苦痛を鎮静させるために哲学的思索もかなり真剣かつ本格的に行っている。しかし、一読してすぐに分かるように、それでもなお彼らの多くが心理的葛藤を解消するために少なからぬ数の俳句や短歌を詠んでいることもまた事実である。そうである以上、やはりグリーフケアの領域においても、そうした日本の精神風土に即し文化的伝統に裏付けられた詩歌的詠嘆の効能も軽視すべきではなくむしろ積極的に評価する価値がある。

現在、世俗化や都市化の進展により、従来人々の心を癒していた精神的連帯が弱まり自覚的なグリーフケアの必要性が社会的に高まっている。そうした状況の中で、本章で見たグリーフケアの有効性に関する比較文化的考察は少なくない意義と重要性を有していると言うことができる。

本章では、限られた紙数の中で論旨を明確にするために、西洋と日本の心性の差異をかなり図式的に比較した。もちろん、現実はそんなに単純ではありえず、西洋と日本のどちらにも理性的傾向の強い人も感性的傾向の強い人も存在する。また、当然個々人の中でもその時々の気分により理性的傾向が強くなることも感性的傾向が強くなることもある。

しかし、少なくとも本稿で取り上げた実例を比較検討するならば、やはり死に臨む姿勢において西洋と日本では大まかに異なる傾向があることを一つの事実として指摘できる。要約するならば、心理的葛藤に対して、西洋では哲学的思索による「知的解決」を求める傾向が優勢である一方で、日本では詩歌的詠嘆による「美的解決」を求める傾向が優勢であると主張できる。

注

1 中江兆民「一年有半」『一年有半・続一年有半』岩波文庫、一九九五年、三一頁。
2 同前、二三頁。
3 中村雄二郎『哲学入門』中公新書、一九六七年、一九九頁。
4 同前、一七九－一八〇頁。
5 Lafcadio Hearn, "Bits of Poetry," in *In Ghostly Japan*, Boston, 1899, p. 149. 邦訳、小泉八雲「小さな詩」『小泉八雲全集』第六巻、第一書房、一九三一年、一二一頁。
6 Ibid., p. 150. 邦訳、同前、一二二頁。
7 Ibid., p. 150. 邦訳、同前、一二二頁。
8 Ibid., pp. 150-151. 邦訳、同前、一二二－一二三頁。
9 Ibid., p. 151. 邦訳、同前、一二三頁。
10 Ibid., p. 151. 邦訳、同前、一二三頁。
11 ポール＝ルイ・クーシュー『明治日本の詩と戦争』金子美都子・柴田依子訳、みすず書房、一九九九年、二四－二五頁。
12 同前、ix頁。
13 黛まどか『引き算の美学』毎日新聞社、二〇一二年、二一七頁。
14 同前、二一七－二一八頁。
15 Hearn, "Bits of Poetry", pp. 152-153. 邦訳、小泉「小さな詩」一二四－一二五頁。
16 Ibid., pp. 153-154. 邦訳、同前、一二五頁。
17 クーシュー『明治日本の詩と戦争』八〇頁。
18 なお、中国の四書五経の一つである『詩経』の「大序」も、詩歌は「嗟嘆」の感情から生まれると説明している。この「大序」が『古今和歌集』の「仮名序」の「いきとしいけるもの、いづれかうたをよまざりける。ちからをもいれずして、あめつちをうごかし、めに見えぬ鬼神をも、あはれとおもはせ、おとこ女のなかをもやはらげ、たけきものゝふのこゝろをも、なぐさむるは哥なり」（『日本古典文学大系　古今和歌集』第八巻、岩波書店、一九五八年、九三頁）に影響を与えていることは既に広く指摘されている。
19 唐木順三「自殺について」『唐木順三全集』第三巻、筑摩書房、一九六七年、三三六頁。

20 同前、三三七頁。
21 同前、三三七頁。
22 同前、三三三頁。
23 同前、三四三頁。
24 同前、三三〇頁。
25 同前、三三九‐三四〇頁。
26 山折哲雄「日本人が創る新しい宗教観」、梅原猛・山折哲雄『宗教の自殺』ＰＨＰ研究所、一九九五年（山折哲雄『悪と日本人』東京書籍、二〇〇九年に再録）。
27 山折哲雄『私が死について語るなら』ポプラ新書、二〇一三年、二一三頁。
28 同前、二一三頁。
29 山折『悪と日本人』八一頁。
30 『日本古典文学大系　平家物語（上）』第三二巻、岩波書店、一九五九年、三一六頁。
31 山折『悪と日本人』八三‐八四頁。
32 山折哲雄『涙と日本人』日本経済新聞社、二〇〇四年、一六六頁。
33 山折『私が死について語るなら』二一三‐二一四頁。
34 同前、二一五頁。
35 山折哲雄『悲しみの精神史』ＰＨＰ研究所、二〇〇二年、二四五頁。
36 同前、二四七頁。
37 同前、二四五頁。
38 山折哲雄『日本のこころ、日本人のこころ』日本放送出版協会、二〇〇四年、二二六‐二二七頁。
39 ヴィットコップ編『ドイツ戦殁学生の手紙』高橋健二訳、岩波新書、一九三八年、四五頁。
40 同前、九八頁。
41 同前、一〇二頁。
42 同前、七八‐七九頁。
43 日本戦没学生記念会編『きけ　わだつみのこえ』岩波文庫、一九八二年、一五六頁。

44 同前、二七七頁。
45 同前、二〇〇頁。
46 同前、三一三頁。
47 同前、二〇一頁。
48 同前、二九六頁。
49 同前、一五四頁。
50 同前、八二頁。
51 同前、二九七頁。
52 同前、三三六頁。
53 これはフロイトの「カタルシス療法」を念頭に置いている。
54 これに加えて、もしそうした詩歌が他者に評価された場合には、作り手には自己愛の充足という快感情が、また受け手には自分の心情が代弁されたという快感情が、そして両者には心が通い合ったという快感情が生起するだろう。
55 恐らく、日本が「母性社会」(河合隼雄)であり「甘えの構造」(土居健郎)の精神風土であるという議論を念頭に、当初山折はこうした詩歌における癒し効果をもたらす「母親」主題は日本的なものだと考えていた。「その中で非常に印象的なのは、母親に対する呼び掛けの言葉が、繰り返し出てきているということです。母親イメージの重大さですね。これはドイツの戦没学生の場合と比べると本当に決定的な違いです。ああ、あの時代の若き学生たち、我々の先輩にあたる青年たちは、戦場で母親のイメージを道連れにして死んで行ったのだ、と思います。一方、ドイツの戦没学生たちにとっては、そういう意味での母親のイメージの道連れは存在しなかった」(山折哲雄「死の看取りと死の作法」、山折哲雄・青木新門・上野正彦『「死」をめぐる三つの話』大法輪閣、一九九六年、四四頁)。ここには、太平洋戦争に出征した日本の若者達の遺書を分析し、死を目前にすると情緒的安定をもたらす存在としての母親への思慕が広く前面的に現れることを指摘した、森岡清美の『決死の世代と遺書』(新地書房、一九九一年)の影響もあるだろう。とはいえ、母性的なものが癒し効果を持つのは人類にとって普遍的である。後に、山折も「この『母の笑顔をいだきて』という心情を、ヨーロッパ人は日本人のマザー・コンプレックスと呼び、日本文化の一つの特徴であるとみなしています」が、「日本的というよりも、むしろ人間的なヒューマニズムの問題が横たわっているのではないかと思います」と再考している(山折『日本のこころ、日本人のこころ』二二八頁)。実際に、『ドイツ戦歿学生の手紙』にも「母親イメージ」が癒し効果を感じさせる次のような詩句が存在する。「私は最後まで母のことを思っていた。／すると、母の老いた手の祝福が／私の頭の上で慰めの役をしてくれ、／何ごとも楽になるのであった」（一六五－一六六頁）。ただし、そうした「母親イメージ」が『ドイツ戦歿学生の手紙』よりも『きけ　わだつみのこえ』の方にはるかに数多く登場していることは確かである。その意味で、そうした母親への思慕を詩歌においてオープンに表明し、社会もそれを受け入れやすいという点は、日本の文化的特徴と言えるかもしれない。

56　河合隼雄・中村雄二郎『トポスの知』TBSブリタニカ、一九九三年、一八四頁。

57　河合隼雄『日本人の心を解く』岩波現代全書、二〇一三年。

58　河合隼雄『日本文化のゆくえ』岩波書店、二〇〇〇年、二四九－二五〇頁。

59　『日本古典文学大系　古事記 祝詞』第一巻、岩波書店、一九五八年、一三五－一四七頁。

60　本稿に関連して、次の文献も日本のアニミズム的な自然観に基づく詩歌によるグリーフケアを考察している。特に、イザナミノミコトの負の感情を受け継いだスサノヲノミコトが詩歌によりそれを制御し鎮撫したという解釈は、日本の文化的伝統を考える上で非常に興味深い。鎌田東二『ケアの時代――「負の感情」とのつき合い方』淡交社、二〇二一年。

61　河合隼雄『生と死の接点』岩波書店、一九八九年、二七八－二七九頁。

62　河合隼雄「人間の心と法」、河合隼雄・加藤雅信編『人間の心と法』有斐閣、二〇〇三、九－一〇頁。恐らくこの議論は、倫理の基準が西洋では「罪」に、日本では「恥」にあるとするルース・ベネディクトの『菊と刀』（一九四六年）の分析を踏まえている。ルース・ベネディクト『菊と刀』越智敏之・越智道雄訳、平凡社ライブラリー、二〇一五年。

63　河合隼雄『神話と日本人の心』岩波書店、二〇〇三年、九八頁。

64　同前、九八頁。

（初出：秋丸知貴「心理的葛藤の知的解決と美的解決――比較文明学的観点から見たグリーフケアについての一考察」『比較文明』第三七号、比較文明学会、二〇二一年、一五三－一七七頁。なお、本書再録に当たり文言を一部変更したところがある。）

あとがき

本書は、髙木慶子編著・上智大学グリーフケア研究所制作協力の『グリーフケア入門――悲嘆のさなかにある人を支える』（勁草書房・二〇一二年）の中級者・実践者向けの続編として構想されました。文章が口語体になっているのは、当初上智大学グリーフケア研究所の受講生・修了生のためのゼミナール形式の教科書・参考書を想定していたからです。

しかし、グリーフケアやスピリチュアルケアへの社会的関心の高まりを受けて、より広く一般向けに今後それらに携わる人達全員へ向けての書籍として出版することになりました。

私にとってとても幸福だったのは、本書の制作中に何度も、「今自分は、正しい時間、正しい場所にいて、真に価値ある仕事に取り組んでいる」という実感があったことです。このために生きてきた、これが私の本当の人生だと、「生き甲斐」あるいは「心の居場所」を持てたことは、私にとって本当に大きな癒《ケア》され体験でした。

髙木慶子先生には、ぜひこれからも健康を大切にされて、ますます私達後進の導き手として活躍の場を広げていただきたいと心から願っております。

本書を通じて、グリーフケアやスピリチュアルケアの偉大な先駆者であり第一人者である髙木慶子先生のケアマインドとケアメソッドが、一人でも多くの人達に伝わることを心から祈念しております。特に、ケア者の道を歩む上智大学グリーフケア研究所の受講生・修了生はもちろん、全国の医大生・看護学生・対人援助職を目指す学生の皆さんや、既に様々な職場や家庭でケアに取り組まれている皆さんに本書を手に取っていただけたら心より幸いに思います。

本書制作に当たり、文字起こしから完成まで編集校正に多大な協力をいただいた小國文男さんと、時に鋭く本質的な質問で本書をより良いものにしてくださった出版担当の岡田温実さんに心よりお礼申し上げます。

何よりもまず、髙木慶子先生に、末席の弟子として最大の感謝を捧げます。

この本を手に取られる全ての人達に、心より感謝の気持ちを込めて。

二〇二三年三月

上智大学グリーフケア研究所
特別研究員　秋丸知貴

■著者プロフィール

髙木慶子（たかき・よしこ）

聖心女子大学文学部心理学科卒業。上智大学大学院神学研究科修士課程修了。博士（宗教文化）。カトリック援助修道会修道女。現在、上智大学グリーフケア研究所名誉所長。生と死を考える会全国協議会会長。兵庫・生と死を考える会会長。国土交通省「公共交通における事故発生時の被害者支援のあり方検討会」委員兼事故被害者アドバイザーなど。YouTubeで講話集「髙木慶子チャンネル」を公開中。

【主要著作】単著『はい・ありがとう・ごめんなさい』（女子パウロ会・1985年)、『希望へのかけ橋』（みくに書房・1991年)、『母の祈り』（聖母の騎士社・1991年)、『聖書によるキリスト』（中央出版社・1994年)、『大震災』（春秋社・1996年)、『死と向き合う瞬間』（学習研究社・2001年)、『喪失体験と悲嘆』（医学書院・2007年)、『悲しみの乗り越え方』（角川oneテーマ21・2011年)、『悲しんでいい』（NHK出版新書・2011年)、『大切な人をなくすということ』（PHP研究所・2011年)、『悲しみは、きっと乗り越えられる』（大和出版・2012年)、『髙木仙右衛門に関する研究』（思文閣出版・2013年)、『それでも人は生かされている』（PHP研究所・2014年)、『それでも誰かが支えてくれる』（大和書房・2015年)、『「ありがとう」といって死のう』（幻冬舎・2017年)、編著・共著『グリーフケア入門』（勁草書房・2012年)、『〈悲嘆〉と向き合い、ケアする社会をめざして』（平凡社・2013年)、『悲嘆の中にある人に心を寄せて』（上智大学出版・2014年）

秋丸知貴（あきまる・ともき）

多摩美術大学美術学部芸術学科卒業。インターメディウム研究所修了。大阪大学大学院文学研究科修士課程修了。京都芸術大学大学院芸術研究科博士課程単位取得満期退学。博士（学術)。京都大学こころの未来研究センターで連携研究員（2010年4月-2012年3月）及び共同研究員（2011年4月-2016年3月)。2011年度形の科学会奨励賞受賞。2014年度比較文明学会研究奨励賞（伊東俊太郎賞）受賞。

現在、上智大学グリーフケア研究所特別研究員。美術評論家連盟会員。滋賀医科大学・京都芸術大学・京都ノートルダム女子大学で非常勤講師。

【主要著作】単著『ポール・セザンヌと蒸気鉄道』（晃洋書房・2013年)、共著『現代京都藝苑2021 悲とアニマⅡ～いのちの帰趨～』展図録（現代京都藝苑実行委員会・2022年）

グリーフケア・スピリチュアルケアに携わる人達へ
ケア者のための必読書

2023年 3 月20日　初版発行

著　者　©髙木慶子　Yoshiko Takaki
　　　　©秋丸知貴　Tomoki Akimaru
発行者　田島英二　info@creates-k.co.jp
発行所　株式会社 クリエイツかもがわ
　　　　〒601-8382 京都市南区吉祥院石原上川原町21
　　　　電話 075(661)5741　FAX 075(693)6605
　　　　https://www.creates-k.co.jp
　　　　郵便振替　00990-7-150584

取材・編集　小國文男
装丁　菅田亮
印刷所　モリモト印刷株式会社
ISBN978-4-86342-352-7 C3012　printed in japan